EDITORA DO CONHECIMENTO

Auxiliando a humanidade a encontrar a Verdade

Cristo para a Humanidade de Hoje

Cristo para a Humanidade de Hoje

Científico, Social e Político

A. Moacyr Uchôa

Todos os direitos desta edição reservados à
CONHECIMENTO EDITORIAL LTDA.
Rua Prof. Paulo Chaves, 276 – Vila Teixeira Marques
CEP 13480-970 – Limeira – SP
Fone/Fax: 19 3451-5440
www.edconhecimento.com.br
vendas@edconhecimento.com.br

Revisão: Paulo Roberto Yog de Miranda Uchôa
Projeto gráfico: Sérgio Carvalho
Foto rio Jordão: Paulo Roberto Yog de Miranda Uchôa
Ilustração da capa: Banco de imagens

ISBN 978-65-5727-091-2
3ª Edição – 2021

• Impresso no Brasil • Presita en Brazilo

Produzido no departamento gráfico da
Conhecimento Editorial Ltda
grafica@edconhecimento.com.br

Dados Internacionais de Catalogação na Publicação (CIP)
Angélica Ilacqua CRB-8/7057

Uchôa, A. Moacyr (Alfredo Moacyr), 1906-1996
Cristo para a humanidade de hoje : científico, social e político / A. Moacyr Uchôa – 3ª ed. – Limeira, SP : Editora do Conhecimento, 2021.
226 p.

ISBN 978-65-5727-091-2

1. Jesus Cristo 2.Cristologia 3. Grande Fraternidade Branca I. Título

19-0534 CDD – 232

Índices para catálogo sistemático:
1. Jesus Cristo

A. Moacyr Uchôa

Cristo para a Humanidade de Hoje

Científico, Social e Político

3ª edição – 2021

EDITORA DO CONHECIMENTO

Conteúdo

Palavras iniciais para esta edição 7
Prefácio 13

1ª Parte
O Cristo no ensino esotérico e na história

Prólogo 17
Capítulo I
Do Cristo na gênese da vida planetária – o Cristo solar 20
Capítulo II
Do Cristo místico, o Cristo interno do coração humano 31
Capítulo III
Do Cristo histórico, o grande instrutor do mundo 35
Capítulo IV
Jesus, o Cristo histórico 43
Capítulo V
Jesus inicia a missão – primeiros acontecimentos 52
Capítulo VI
Jesus e os milagres da cura 63
Capítulo VII
Jesus e os milagres da cura transcendental 70
Capítulo VIII
Teoria da cura supranormal: as curas de Jesus – fundamentos científicos 80
Capítulo IX
As curas de Jesus – fundamentos científicos e do ensino de "fonte maior" 92
Capítulo X
Teoria da cura supranormal, paramédica ou miraculosa 100

Capítulo XI
Ainda a cura supranormal, paramédica ou "miraculosa" 109
Capítulo XII
Do Cristo histórico, Jesus, seu ensino exotérico e esotérico... 117

2ª Parte
O Cristo para a humanidade de hoje

Capítulo XIII
Do Cristo para a humanidade de hoje 133
Capítulo XIV
Dos dias da Palestina ao renascimento espiritual do século XIX .. 142
Capítulo XV
Um novo posicionamento em face da vida e do universo –
hierarquia planetária 149
Capítulo XVI
A Grande Fraternidade Branca – O senhor Cristo – Maitreya ..155
Capítulo XVII
Da presença atuante da Grande Fraternidade Branca 162
Capítulo XVIII
As respostas da Grande Mensagem da Fraternidade Branca –
Uma visão diferente do Universo e da vida 167
Capítulo XIX
Da conjuntura social e política do mundo contemporâneo...... 174
Capítulo XX
Da filosofia clássica – uma nova filosofia de vida 184
Capítulo XXI
A essência dialética de sabedoria divina –
Uma crística ideologia 200
Capítulo XXII
Conclusão 214
Sobre referências bibliográficas e foto do local do batismo
de Jesus, no rio Jordão 222
Prece de Natal de A. Moacyr Uchôa, à pedido de sua família.... 223

Palavras iniciais para esta edição

Perco a conta de quantas vezes meu pai questionou a forma limitada da maioria dos cristãos, quando pensavam, oravam, mencionavam e reverenciavam o Senhor Jesus, o Cristo. Isso porque a imagem de Jesus crucificado sempre preponderou no cristianismo. Suas mensagens, Seus exemplos, remontam àquela época, em que viveu, ensinou, e se sacrificou pelos Seus irmãos. Entretanto, meu pai pontificava que, parecia, de lá para cá, Seu trabalho era desconhecido. Este foi um dos motivos que o levou a escrever sobre o Cristo para a humanidade de hoje, de forma abrangente, profunda, que encerra ensinamentos coerentes, de muitas e diversas áreas, dentre as quais, as religiões, a ciência, a filosofia, a teosofia, a espiritualidade e, porque não dizer, a intuição, já tão bem demonstrada em suas obras anteriores.

A história de Moacyr Uchôa é muito rica e se encontra resumida por ele no livro intitulado *Uma Busca da Verdade - Autobiografia*. Ao longo de sua produtiva existência, escreveu e publicou oito livros. À exceção de *Além da Parapsicologia*, *A Parapsicologia e os Discos Voadores*, *Mergulho do Hiperespaço*, o presente livro *Cristo Para a Humanidade de Hoje* e a sua mencionada autobiografia – todos já reeditados – os demais se encontram com as edições há muito esgotadas. E é esse o motivo que nos leva, a mim e a meus irmãos, a despertar para o fato de que já é tempo de reeditá-los posto que, assim, estaremos contribuindo para a continuidade da missão que nosso pai recebeu de seu Mestre naquela célebre madrugada de 13 de março de 1968, em uma fazenda no município de Alexânia/

GO: "*Você tem aqui uma missão: observar, pesquisar, escrever livros e divulgar...!*". Divulgar é a palavra que resume a missão que, em nome dele, agora nos cabe assumir, providenciando a reedição de suas obras.

Para esclarecer os leitores das novas gerações, creio que cabe, aqui, um breve resumo biográfico de Alfredo Moacyr de Mendonça Uchôa:

– General Professor, da arma de Engenharia do Exército Brasileiro.

– Engenheiro civil formado pela então Escola Politécnica/RJ.

– Professor catedrático de mecânica racional por quase 20 anos da Escola Militar do Realengo, depois Resende e, finalmente, Academia Militar das Agulhas Negras.

– Parapsicólogo, sensitivo e estudante/pesquisador da Metapsíquica e da Teosofia trazida ao Ocidente por Helena Petrovna Blavatski e, também, desde criança, dedicado à cura Paranormal / Transcendental.

– Idealizador e um dos fundadores / 1° Diretor-Presidente e Reitor da União Pioneira de Integração Social (UPIS), em Brasília/DF.

– Fundador da Associação Universal Morya (AUM) e do Centro Nacional de Estudos Ufológicos (CENEU).

– Ufólogo conhecido como o "General das Estrelas", segundo o jornal *Correio Braziliense*.

Além do presente livro e dos já mencionados como reeditados, publicou, ainda: *Muito Além do Espaço e do Tempo*, *O Transcendental - Curas e Fenômenos* e *Oásis de Luz*.

Sua educação e espírito científico sempre estiveram presentes nos estudos e pesquisas na área do transcendental, que desenvolveu desde tenra idade. Sempre teve orgulho de sua formação científica, porém nunca deixou de considerar as aberturas para o mundo espiritual, em consequência de seus próprios estudos, pesquisas e observações, ao longo de décadas, acrescidos de suas experiências pessoais. Ele costumava dizer que era extremamente importante manter os pés no chão, mas, por outro lado, nada o impedia de levantar a cabeça e contemplar as estrelas que – segundo sua convicção – era absolutamente indispensável ao avanço da ciência.

Como os leitores haverão de concluir, Alfredo Moacyr M Uchôa era um profundo conhecedor do Velho e do Novo Testamento, bem como da obra de autores famosos na área da teosofia, dentre eles Helena Blavatski, Annie Besant, Alice Baley e C.W. Leadbeater. Ao longo da leitura, será fácil identificar outros autores renomados e consultados, em todas as áreas de interesse do tema do livro, que meu pai menciona com precisão e adequação, para desenvolver e atingir o fim a que se propôs, ou seja, O Cristo Para a Humanidade de Hoje. Outro destaque, digno de menção, é o trabalho de Hilarion de Monte Nebo FE, com seus livros, dentre os quais *Harpas Eternas*, *Cumbres y Lhanuras* e *Origens da Civilização Adâmica - A Vida de Abel*.

Em 12 de janeiro de 1983 foram comemoradas as BODAS DE OURO de Alfredo Moacyr com a sua querida Enita. No texto da cerimônia, preparada e conduzida pelo filho Paulo Roberto Yog, estavam uma pequena descrição de cada um deles:

> O homem: Alfredo Moacyr de Mendonça Uchôa, faz hoje ideia nítida e precisa da direção da Evolução, e tem dedicado sua vida a cooperar com ela, auxiliando e orientando os seus irmãos de jornada. Os Membros da Grande Hierarquia, em cujas mãos está a Evolução do Mundo, buscam homens como ele, predispostos para a missão, orientando-os no que lhes falta para poderem auxiliá-Los na Grande Obra";
>
> A mulher, Ena de Miranda Uchôa. A abnegação de seu amor é tão grande que se constitui em uma indispensável aliada no caminho do discipulado. O Mestre de um, é o mesmo do outro. Ele é um montinho de terra fértil. Ela, a roseira branca que nasceu, cresceu e floresceu nele...

Mas, quando e como, Alfredo Moacyr conheceu sua Enita? Também tem a ver com Jesus! É que, em fins de 1929, na cidade de Vitória/ES, ele foi convidado e realizou palestra sobre o "Natal de Jesus". E quem, ali, ele viu pela primeira vez? Ele mesmo responde, no capítulo V de sua autobiografia: "Minha futura esposa Ena Morgade de Miranda, pessoa espiritualizada, de valor exponencial em minha vida". Isso prova o que ele sempre repetiu, ao longo de sua vida, com muita ternura e carinho: "Foi Jesus quem nos aproximou!"

O texto, abaixo, foi extraído do original manuscrito daquela palestra, em 1929:

> Quão penosa é a transformação, quão longo é o caminho a percorrer, antes que a Alvorada se possa fazer e brilhe o Grande Sol sobre as nossas frontes! Mas, também, quão grande tem sido a proteção que o homem vem recebendo do Alto, nas lições que, de tempo em tempo, a Humanidade escuta dos Mensageiros do Pai. Sempre, nos períodos de grandes lutas e muitas dores, quando o domínio do mal pelo aviltamento dos costumes é bem forte, quando o sentimento decaído vem estimular o desencadeamento das paixões, promovendo as conquistas malsãs pela imposição da força bruta, a assistência, o desvelo do Pai Celeste se torna ostensivo e um Grande Luminar visita a Terra.
>
> Foi, justamente, o que se deu com o maior de todos os brilhos, quando do advento, há cerca de 1929 anos, do Amado Mestre Jesus. E é esse advento sem par, essa bênção de Deus lançada sobre a Terra, esse fenômeno extraordinário que espargiu vivíssima luz por sobre a noite do passado e projetou fortíssimos raios para os dias do futuro, esse acontecimento maravilhoso – o Natal de Cristo, que quase toda a humanidade comemora e que nós, aqui, pequeninos, também queremos lembrar.
>
> As previsões de Sua vinda e da Sua Vida se acham em tal profusão nos escritos dos profetas hebreus, que se pode afirmar que Seu aparecimento e Sua ação neste plano constitui a maior afirmação, a mais positiva demonstração de que um plano bem definido e perfeitamente consciente foi delineado, anunciado e executado. Não veio, porém, Jesus, como o Messias tão esperado e ansiosamente desejado pelo povo de Israel – cercado de uma auréola de ouro, semelhante à que cingiu a fronte de Salomão; não veio com as armas de destrui-

> ção infernal aguardadas para a extinção dos opressores; mas veio com a força do Espírito Divino, aureolado da irradiação pura que envolve a fronte dos escolhidos do Pai, armado com a autoridade de um vencedor que já conquistou as Alturas, havendo subido, até o topo, a simbólica Escada de Jacob; veio, sim, com a sabedoria de quem já penetrou os segredos mais íntimos da Natureza, surpreendendo-lhe os mistérios e conhecendo-lhes as sutilezas.
>
> E toda a Sua vida não foi mais do que a demonstração dessa Verdade, todo o Seu exemplo não foi mais do que a afirmação do Seu Poder Divino, toda a Sua obra legada aos homens não foi mais do que a Realização da Divina Misericórdia baixada, do Alto, às criaturas humanas, através de Seu Divino Mensageiro.
>
> CRISTO, criando para o homem o verdadeiro poder espiritual, projetou-se na história da evolução do nosso planeta, não como um fundador de dogmas, ou construtor de símbolos, mas como o Iniciador do mundo em um espírito novo.
>
> É, pois, o Farol que jamais se apagará e poderá sempre iluminar os que vacilam ao desencadear das borrascas sociais. É o Mestre sempre solícito, o Pastor que não perderá uma só ovelha, mesmo as mais revoltadas contra seus desvelos.
>
> CRISTO é aquele que, mesmo não havendo sido reconhecido pelo próprio povo que lhe deu o berço, veio trazer à toda a humanidade, como prometera Jeová: a Vitória Maior. A vitória do extermínio dos vícios, do poderio efêmero, sem valor, do aviltamento do ouro e das conquistas materiais, fixando em traços de luz fortíssimos o que deverá ser a verdadeira vida do Espírito, livre, sem peia, voando em busca da perfeição, no Céu do Criador.

A seguir, apresento alguns conceitos e conclusões resultantes dos estudos, experiências e pesquisas de Alfredo Moacyr M. Uchôa, extraídos de seus livros e palestras:

> Quem poderá limitar, por um ponto final à ascese do ser criado, no caso a criatura humana, que veio como impulso e vida dos abismos dos diferentes outros reinos da natureza, perlustrando, já individualizada,

> sombrios caminhos no próprio seio da humanidade e, hoje, sensível às suas próprias intuições maiores, até se lança à conquista das estrelas?! Quem marcará esse ponto final? Quem?!...
>
> A onda de vida do Poder Criador trouxe à realidade os minerais, os vegetais, os protozoários, os seres primários, o homem primitivo, uma Santa Thereza D'Ávila, um Mestre Jesus. Essa onda de vida divina está continuando a crescer e, naturalmente, conduzirá o homem ao infinito que ele tem a realizar.
>
> Cremos na contínua e gloriosa ascese da nossa humanidade a um destino maior, no amanhã da nossa civilização, quando o homem, além do conhecimento pleno do universo em extensão e profundidade, haverá, ainda, descoberto, penetrado, estudado e compreendido o universo moral em que também se contem, vivendo em plenitude seus mais nobres valores espirituais.
>
> A ampliação do Cosmos no sentido de sua profundidade maior, ainda não devassada pelo espírito científico humano, conducente a dimensões superiores, às quais oferece, à sua vista, um universo muito mais rico de formas, energia e vida, conferindo ao homem um sentido bem novo da imensa dimensão da sua própria grandeza.

Que possamos nós, como você, Moacyr, sermos capazes de "...mergulhar para dentro de nós mesmos, até sentir o Espírito, vindo da densidade das rochas, do paralelepípedo das ruas ou da poeira das estradas e das areias oceânicas, por dentro da Vida, até a Alma dos Sóis, das Estrelas e das Galáxias..."

Paulo Roberto Yog de Miranda Uchôa

Prefácio

Este livro está um tanto atrasado no tempo, pois sei que o autor não o pôde terminar quando queria e tanto desejou.

É que há causas para as coisas que os homens fazem e muitas delas se lhes escapam.

O livro diz da Cósmica Compreensão do homem situado em seu Universo, o Universo de todos nós, qualquer que seja o nível de ascensão realizado.

Vendo-se envolvido (e participe de uma evolução incontestável) por um "vir a ser" dinâmico, inexorável, mas possuindo inegável destino, impregnado de teleologia, que se mostra cada vez mais extraordinária, digna de alcançar todo ser em marcha. Novas energias acordam e impulsionam o homem para transpor obstáculos e realizar-se como um digno caminheiro da "Divina Jornada".

Este livro diz da energética presente e permeante da própria alma da vida Universal e do processo segundo o qual a Unidade Consciencial se afirma, para depois ampliar-se magicamente ao Infinito. Apresenta o exemplo sem par de Jesus de Nazaré, ensinando o verdadeiro caminho da grande Ascensão. Este livro acarinha o ideal maior de enaltecê-Lo e propugnar por uma vista mais profunda da Presença Solar do Divino que conduz a Evolução do Sistema, em que se contém o homem, apresentando, afinal, uma essência de Pensamento-Força, capaz de fazer a humanidade mais feliz, ao oferecerlhe uma "Crística Ideologia".

Por tudo isso, lançado ao âmbito do pensamento, do sentimento, das intuições humanas, estamos seguros de seu destino, do alimento que poderá oferecer àqueles que anseiam por um mundo melhor. E este mundo somente poderá vir através do cultivo de um pensamento mais adequado à Inteligência e à intuição do Homem atual, abrindo o mundo interno da criatura humana, onde se abriga a centelha do Cósmico e Divino Amor. Com isso, o homem estará em melhor sintonia com o FRATERNAL AMOR, ensinado e vivido por aquele que desceu ao mundo humano para ser EXEMPLO DO HOMEM, a realizar-se no evolver das idades que se sucederiam.

Estamos num grande momento de uma idade nova que se oferece, de um Ciclo, porém, que se fecha perigosamente. Que o perigo que todos sentem, principalmente pelo excesso de poder de destruição, já à disposição de mãos infantis, seja o MAIOR MOTIVO para o despertar e o atuar da grande responsabilidade dos dirigentes humanos, para que se tornem maduramente mais conscientes. Só assim a humanidade evitará que, em um abismo de fogo, se afoguem tantas realizações já conseguidas pelo esforço e pelo valor do espírito humano em ascensão.

Haja bem o Supremo Poder que esse pequeno trabalho seja Grande pelo amor que encerra e pelos propósitos que, sei, o ditaram. Trata ele, antes de tudo, da enfatização de uma Responsabilidade Nova para o homem, quando se lhe oferece uma Nova Luz, ou melhor, a intensificação da ETERNA LUZ, que sempre tem procurado clarear o caminho da Difícil Humanidade de todos nós.

A. Moacyr Uchôa

1ª Parte
O Cristo no ensino esotérico e na história

Prólogo

Escolhemos, para o início deste livro, o dia de hoje, 7 de maio, bem junto do dia 8, em que se comemora, em ambiente altamente espiritualista, a passagem pelas lutas do existir humano da figura ímpar de guerreira, sábia e mestra, Helena Petrovna Blavatsky, o LOTUS DA DIVINA PUREZA, segundo o julgamento de Ascensionado Mestre.

Escolhemos esse dia, que está passando rápido ao dia 8, em busca de conotações harmoniosas de beleza e espírito, de sabedoria e amor, de prévias sintonias, para que nos sentíssemos internamente preparados e estimulados no sentido de levar, com segurança, à frente, este trabalho que nos cumpre escrever, aceitando a imensa responsabilidade que o Mestre nos entrega: dizer sobre Cristo no Mundo de Hoje – A Sua Presença, o Seu Trabalho, e a Divina Glória do Seu Serviço de Excelso Ser da Hierarquia Planetária.

Começamos hoje este trabalho, também, porque acabamos de participar, em termos espirituais, de cósmicas ansiedades, de estranhos, indefiníveis e transcendentais sofrimentos que ocorreram, dando-nos, por surpreendente paradoxo, a medida da felicidade real, que pressentimos e afirmamos vivificar-se em nosso mundo interno! Na verdade, ela está sendo, neste momento, uma vivência de divina euforia, em que nos achamos ligados à fonte perene de inspiração que encontramos, sempre, ao penetrar a aura ouro-azul-violeta do Mestre, em comunhão de Amor jamais definível! Plenificamo-nos de alegria ao sentir esse fluxo intuitivo de amor, misto de terra e céu, que vivemos, conscientes, advertidos e seguros de que só dessa forma poderemos dizer d'Aquele que foi, e ainda é, entre os homens, Plenitude de Amor, o mais Sábio entre os vivos e operantes no Universo Moral, a que a dignidade humana pertence, apenas palidamente entrevisto pelo homem comum! O Grande Instrutor Imolado, crucificado pela cegueira daquele tempo, ainda hoje continuamente negado pela insânia humana, quando nada vive o homem de Sua Luz oferecida do Plano Maior. Sim, imersa que se encontra a humanidade em dissenções sectárias e de perigosas ideologias políticas, pondo em risco de morte a própria evolução espiritual planetária.

Hoje, nos dias que correm desta altura do século, o Senhor Cristo está, como dantes, conosco, com a Humanidade que Ele insiste em conduzir ao próprio destino. Mas, agora, não mais à forma de Divino Peregrino do Amor, passando pelas estradas, atravessando campos difíceis, subindo os montes para que a Palavra fosse à maior distância, ou visitando aldeias e cidades para, no Templo ou nas Sinagogas, vibrar Sua voz de acentos plenos de amor, imolando-se finalmente no Gólgota da miséria humana. Ele está, agora, segundo a Sua Própria Palavra, na inspiração, na força e no divino significado do Espírito de Verdade, que anunciou e que viria "Restabelecer Todas As Coisas e Ensinar Muitas Outras", que não podia oferecer àquele tempo!

Na Sua Divina Sabedoria, sabia que, sendo simplicidade e amor puro, mais tarde seria cultuado nas pompas das grandes galas, cheias de egoísmos e vaidades do mundo. Sendo mansuetude, compreensão e tolerância, mais tarde, em Seu nome, far-se-iam guerras e disputar-se-iam, com muito sangue, lugares sagrados. Sendo exemplo e ensino de fraternidade e espírito de comunhão amorosa entre os homens, mais tarde dividir-se-ia a face planetária: de um lado, o homem materialista, sem horizonte, sem esperança, sem entendimento ou mesmo pálido vislumbre de uma realidade transcendental, que justifique as dores e sofrimentos da jornada; do outro lado, o homem contraditório e indefinido, cultuando a Sua memória, invocando o Seu ensino, cada vez mais ligado à condição material da existência, só enxergando riquezas egoísticas, exercício do poder do mais forte, deixando ao fraco a dura condição de um viver limitado ao horizonte estreito de sofredoras experiências.

Por tudo isso, prometeu a vinda do Espírito de Verdade, que haveria de restabelecer a Sua Palavra, límpida e clara como os espaços infinitos; forte e poderosa como pronunciada por Potências até aqui ainda não reveladas e que vai, pouco a pouco, penetrando o coração humano, plenificando de Luz o entendimento e adensando, no homem, Energia de Fé, para transformar em tônica de verdadeiro Bem e Amor, com letras maiúsculas, a Face Humana Planetária.

Está escrito: "E o mundo não O conhecerá, mas com Ele ficará até a consumação dos séculos".

Tal o Espírito de Verdade que pervaga pelos espaços humanos, os penetra de clarão de Luz De Ouro Densa, plena de amor divino e atinge, permeante e forte, tantos corações e disposições de mente e espírito, ao serviço do Cristo no Mundo de Hoje!

Sobre esse trabalho, o serviço ao Homem, ao Cristo, escreveremos ao longo deste livro e, assim fazendo, em cósmica sintonia com Ele Próprio, diremos do "Cristo para a Humanidade de Hoje".

Capítulo I
Do Cristo na gênese da vida planetária – o Cristo solar

Estamos certos de que haverá facilidade, por parte de qualquer leitor, em nos acompanhar no sentido de apresentar sob uma angulação fora do comum, do habitual, a Realidade do Cristo.

Inicialmente, diremos que, na verdade, essa cósmica angulação se caracteriza, de um lado, por infinitos que se abrem à indagação, à compreensão e intuição humanas, visando ao Cristo Cósmico; de outro lado, por uma busca do mundo interno subjacente no coração do homem, onde se afirma o Cristo Místico, síntese densa, porém indefinível, de amor sem limites, permeada pela magia do Espiritual, do Divino.

Ainda mais, essa abertura, cósmica angulação que referimos, inclui, outrossim, o sentido preciso da realidade do Universo Moral, pleno de transcendentais valores do espírito, afirmados em Jesus, no Cristo Histórico, realmente, o mesmo Cristo do Mundo Atual, em verdade, dinâmico e Pleno de Espiritual Poder, o qual vai conduzindo com Amor os passos humanos.

Neste capítulo, ater-nos-emos precipuamente ao *Cristo Cósmico*, vendo-O na Sua transcendental significação e, mais que isso, na essencialidade do Poder Presente e Operante na gênese do Sistema Solar e, em consequência, participante na vinda à existência da vida planetária. Chegaremos, então, ao *Cristo Solar* e, a seguir, ao *Cristo Planetário*.

No realizar, pouco a pouco, o conhecimento científico, faz parte das qualidades do mental humano, posto a serviço da consciência do homem, que pergunta sobre si próprio, sobre o ambiente e o mundo que o cerca, a virtude da abstração, isto é, a capacidade de análise dos fenômenos complexos, pondo de lado nuances e aspectos subsidiários, para ater-se à busca do que lhe é essencial ao seu desenvolvimento racional. Dessa forma, poderá inferir e, a seguir, disciplinar, com clareza, o estabelecimento das relações de causa e efeito, que o condicionam em sua *coexistência no espaço ou sucessividade no tempo.*

A virtude, que acabamos de acentuar, permite uma espécie de interferência ou intervenção transitória no próprio fenômeno, facilitando o estudo, conduzido então por partes, como se cada uma representasse uma notória simplificação da realidade, mais acessível ao conhecimento e à formulação de conceitos. Estes conceitos, conjugados aos similares obtidos ao longo do processo, aplicado analogamente às demais partes, irão então permitir a síntese do estudo empreendido, traduzido em forma de Lei.

O que acabamos de assinalar, nada, talvez, possuísse de real importância, se o mundo, o Universo em que nos contemos, não fosse uma viva expressão de movimento, de uma dinâmica extraordinária, que vemos e analisamos nas distâncias mais remotas a que nos conduzem a Astronomia, particularmente a Radioastronomia. Mudando a vista para o próprio ser, sabemos existir, em consonância com tudo isso, as maravilhas encontradas na raiz da vida que se alteia e enriquece de expressão, do mineral ao homem! Sim, não há negar, tudo o que o homem conhece parece justificar a palavra do poeta Venturelli Sobrinho, quando diz:

> Entre átomos e sóis há pouca diferença,
> Une-os a mesma força e um só jamais repousa.
> Estes, jorrando luz pela amplidão imensa:
> Aqueles, a vibrar na alma de cada coisa.
>
> ....
>
> ....
>
> Por toda parte vida, anseio, movimento
> Nos arcanos dos sóis, nos segredos das células;
> Vida no mar azul, vida no pensamento,
> No canto dos pardais, nas asas das libélulas.

Posto isso, é de ver-se como a *Ciência do Movimento* se põe, em consequência de límpidas e justas interferências da prática experiencial, como verdadeira herdeira privilegiada daquela assinalada virtude humana, a capacidade de abstração. Esta capacidade, a serviço de inteligências geniais presentes em homens da estatura científica de um Descartes, Kepler, Galileu, Newton e tantos outros, pôde reduzir os movimentos mais complexos sobre trajetórias quaisquer, aos simples movimentos retilíneos uniformes e variados, sobre cuja clara compreensão o espírito humano repousa tranquilo. Cumpre ainda acrescentar, reforçando o que dissemos sobre o valor, a importância de transcendental valia da capacidade de abstrair, buscando relações mentais claras e precisas, o excepcional significado, para o espírito científico humano, das concepções fundamentais do Cálculo Infinitesimal e Integral, quando se volta ele para o estudo do dinamismo e da energética universais, expressos na multiplicidade infinita dos fenômenos que encerram os mistérios do movimento e da vibração, imanentes na própria vida. Não nos cabe, por absolutamente inoportuno, minuciar a esse respeito, pois iríamos demasiado longe e tal tema fugiria ao fundamental que estamos acentuando, isto é, *o mérito intrínseco da capacidade de abstração humana*. Esta, na verdade, é capaz de gerar procedimentos extraordinários ao nível da própria experiência, já havendo oferecido ao homem atual o mágico poder do instrumento matemático, através do qual o gênio de Einstein o levou a penetrar o até então profundo segredo do relacionamento *Matéria, Energia, Luz, Espaço, Tempo e Gravitação*.

Todavia, ainda como ênfase nessa virtude humana, exemplificando uma expressão sintética das abstrações matemáticas, julgamos próprio explicitar sobre as concepções básicas do Cálculo Diferencial e Integral. Elas conduzem a que, por exemplo, a conjugação de duas abstrações, o Infinitésimo e o Infinito, poderá oferecer a medida da existência concreta de uma realidade espaço-temporal. De fato, se escreve $\int dm = M$, tem-se:

$\int$ = nº infinito de parcelas (abstração)

dm = massa infinitamente pequena (abstração)

$\int dm = M$ = massa (entidade do mundo concreto)

Parece-nos haver feito adequada introdução ao prosseguimento que visamos, salientando, de certa forma, o valor, a dignidade, o poder e a capacidade da mente humana no que tange à realização do conhecimento.

Vamos, agora, convidar o leitor para que, juntos, penetremos ambientes bem mais amplos e fixemos perspectivas que nos vão conduzir a indagações que transcendem ao normal dos interesses do homem comum. Serão ajustadas, porém, àquelas que inspiram a filosofia de todos os tempos, presentes no Esoterismo Filosófico-Religioso, que alimentou o sábio silêncio dos Templos Iniciáticos de todas as idades. São indagações que versam sobre a Gênese do Universo: como veio ele à existência e como, afinal, teria vindo à luz a nossa vida planetária, ascendendo do mineral ao homem, aos super-homens e, quem sabe (?), a seres bem acima das atuais vistas da simples criatura humana.

Não faremos estudos históricos, nem qualquer exegese, inspirados em posicionamentos religiosos, voltados para qualquer das Grandes Religiões, que afirmam uma Trilogia Divina, à raiz causal do Universo. Concentrar-se-ia nela o Poder Criador: os Deuses ou Pessoas dessa Trilogia, com as suas virtudes e responsabilidades, ora cultuados nas religiões – em sua própria integralidade de Poder Único, ora enaltecidas e reverenciadas como Pessoas Distintas, mas conjugando-se em um só Deus Verdadeiro!

Vamos tratar o assunto, em face do fim a que nos propomos, segundo os termos em que pusemos as possibilidades de conhecimento do ser humano, demonstradas pela criação do instrumento matemático e, agora, acrescentamos: pela vivência inquiridora dos séculos. Enchemo-nos, então, de relativas certezas científicas e de um mundo de esperanças em que temos assegurado um futuro de compreensão maior, de um superior conhecimento até agora insuspeitado, a realizar-se ao longo do caminho! Até certo ponto, neste trabalho, será como se, agora, nos propuséssemos a justificar aquele tríplice aspecto do Poder Criador, em face dos próprios posicionamentos científicos atuais, com a coragem, porém, de não fugirmos a olhar os fatos do Universo em termos de sua essencialidade abrangente da vida e de consciência em evolução, afirmando e demonstrando evidências teleológicas.

A nós, parece-nos estar o homem atual maduro para certas vistas, pondo de lado o sobrenatural, o milagroso, o divino deformado, cheio de possíveis parcialidades interrogativas, suspeitas, livrando-se desses horizontes pequenos. Visará a uma melhor e mais própria realização. Poderá deixar de alimentar-se, já agora, de certas crenças próprias da infância humana, em que seu destino se conforma e se limita à salvação precária da alma, como se, afinal, a *vida, a consciência e o poder de fazer*, que nele culmina, fossem apenas um tipo de "condenação" da qual urgisse liberar-se a todo custo, para ser feliz em ambiente celeste.

Triste e pobre compreensão da Vida e do Universo, só mesmo compatível com a infância Humana que, esta sim, precisaria de compulsões, castigos, *Prêmios e Recompensas* para trabalhar com dignidade e ser feliz, dentro das limitações da própria infância.

Pensamos que tudo isso passou, ou melhor, está passando... Na verdade, uma outra Mensagem veste de luz os Horizontes do Viver Humano! E é tocada da Divina Claridade de uma Sabedoria Antiga como o próprio Mundo, e tão nova como as mais límpidas e luminosas perspectivas que o ser humano atual já entrevê, quando a vista está se abrindo às dimensões Superiores da Realidade, descobrindo-as pelo sofrimento, dor, ansiedade e perigos do mundo de hoje. E, ainda mais, um conhecimento maior que caracteriza a Ciência em marcha.

Na realidade, nos dias que correm, os campos avançados da ciência estão se ampliando ao estudo das galáxias, nebulosas mais ou menos remotas e quasares e pulsares, desvendando, por outro lado, o mistério das até agora ainda não completamente reveladas energias, virtudes e faculdades transcendentais que no homem vêm despontando! Está, ainda ele, o homem, *descobrindo novas dimensões* para além da Física atual, do Espaço-Tempo, como levado por inexorável e estranha divina imantação, que o impulsiona para conhecer o aparentemente *incognoscível*, atraído por um Poder Maior, que lhe haja traçado o próprio destino.

Por tudo o que acabamos de acentuar, pensamos poder

pôr em termos de posicionamento científico, sem quaisquer acentos místicos, religiosos, mantendo-nos em âmbito objetivo, o estudo de todas as gamas da manifestação da matéria e da energia, como de íntima significação das expressões da emoção, do sentimento, do amor e, ainda, da mente, da consciência e do espírito. Antes, porém, e ainda dentro daquela capacidade de abstrair, que já enfatizamos, devemos considerar, em vista do estudo que a seguir faremos, uma referência particular, e sumamente oportuna, à concepção cartesiana do genial filósofo e matemático francês René Descartes. Segundo ele, consideraríamos, no plano, dois eixos e, no espaço, três eixos, projetando-se sobre eles os elementos inicialmente da forma (campo da geometria), dos deslocamentos, das velocidades, acelerações e forças (campo da mecânica, da física). Mostrou, então, Descartes, como a aritmética e a álgebra, incidindo sobre as medidas segundo esses eixos, em relação a cada espécie de grandeza projetada, conduzia à simples resultados abstratos, aparentemente artificiais, sobre aqueles eixos de sua concepção. Daí, podem ser compostos e dizer com precisão da realidade da forma, do deslocamento, da força etc... no plano (dois eixos) ou no espaço (três eixos). Toda a problemática complexa das formas, dos deslocamentos, das forças na realidade da natureza, simplificar-se-ia extraordinariamente na disposição das direções dos eixos escolhidos.

Completando-se essa concepção de Descartes com o princípio de Galileu, que ensina a coexistência de ações ou deslocamentos, operando cada uma como se as demais não existissem e conjugando-se pela lei do paralelogramo na diagonal que define a ação resultante, é fácil ao espírito humano, que aprendeu a intervir no fenômeno natural, simplificando-o por abstração, desde Descartes, assim construir a Mecânica e a Física. Justifica-se dessa forma a eleição de três RAIOS DIRECIONAIS, segundo os quais o Poder Criador separadamente atua, mas na realidade ações concomitantes, coexistentes, resultando no fluxo de Poder Integrado, que faz vir à existência a Manifestação Universal.

Assim, o próprio espírito científico atual autoriza a bem compreender os três RAIOS do PODER CRIADOR, a que o ensino esotérico atribui virtudes e responsabilidades próprias, resultando, afinal, a PLENA HARMONIA DA ENERGIA, DA CONSCIÊNCIA, DA VIDA e DA FORMA, NO UNIVERSO em que nos contemos.

Teremos, assim, uma justificativa, ou melhor, uma compreensão de nível científico, em plano alto, da TRILOGIA DIVINA, que desde remotas idades sempre existiu na alma de todas as Grandes Religiões.

Daí, de tudo o que vimos considerando até aqui, podermos, afinal, olhar para o Universo Manifestado e compreendê-lo no alto nível de *Abstração*, que enfatizamos, como se decorrente do exercício de três distintos *Raios de Poder*, os quais expressariam o *módus operandi* do Infinito *Poder Criador*, ou melhor, da *Potência Criadora*, que se realiza na *Manifestação*.

O 1° *Raio de Poder*, que faz vir à existência os diferentes níveis da substância, isto é, a matéria dos vários planos da manifestação, incluindo-se, nessa operação, a imensa variedade de tipos de energia que são subjacentes ou dela irradiantes.

Teria sentido bem claro pensarmos, à forma de cósmicas decorrências desse 1° Raio de Poder, na existência dos seguintes planos:

a) *plano físico* – matéria nos diferentes estados que conhecemos: do sólido ao plasmático; aqui se incluem os níveis hiperfísicos: etérico e superetérico, os quais, pensamos, em via de aceitação científica.

b) *plano astral* – matéria diferente da matéria física, mostrando-se em vários níveis hierárquicos de sutileza, ainda não aceita pela ciência, mas percebida e já estudada em experiências científico-esotéricas já realizáveis por dedicados pesquisadores; nessa matéria vêm à existência estados vibratórios decorrentes de emoções e sentimentos de toda ordem e, em seu nível sutil mais alto, os que marcam as tônicas elevadas de amor!

c) *plano mental* – matéria apresentando, analogamente, vários níveis de manifestação da substância, com características próprias, definidas, através da qual se expressaria toda atividade mental. Desde o pensamento concreto ligado estritamente à forma, permitindo elaboração de conceitos limitados a coisas ou indivíduos quaisquer, até relações mais abstratas que a consciência aprecia, estabelece e define, quando o homem verifica e apreende ações, reações e interações, em face da realidade em que julga situar-se em termos de conceitos abstratos. Nesse nível, configura-se um conhecimento maior, uma ciência ampla, por cuja virtude se aproximam e se relacionam entidades e fenômenos – na coexistência do espaço e na sucessividade do tempo. A matéria mental já se prova objetivamente nas avançadas experiências parapsicológicas, em que se fotografam formas pensamento, como bem demonstram as experiências de Denver, U.S.A., em que cientistas de alto nível verificam tão extraordinário fenômeno produzido pela concentração mental de Ted Serious. Outrossim, energias de natureza mental, que ora consideramos, encontram-se manifestas em toda a hierarquia fenomênica já estabelecida na Parapsicologia, no que tange à telepatia, clarividência e psicocinésia, âmbitos de pesquisa em que se afirma, inegavelmente, uma interação entre mente e objeto, provando, a evidência e a energética desse nível.

d) *plano intuicional ou búdico* – em que a matéria sutil se põe na raiz da expressão vibratória dos sentimentos ligados às intuições de toda ordem, como às harmonias da arte, da beleza e do amor altamente refinado, por isso mesmo guardando íntimo relacionamento com os níveis mais elevados da matéria astral, que já foi referida. No sentido da aquisição do conhecimento, da ciência, pelo homem, no âmbito desse nível búdico, encontra-se objetivada, com vivo suporte de substância, a *intuição no homem*, uma espécie de mente que transcende ao próprio plano mental, através da qual o conhecimento pode aflorar e afirmar-se sem prévios relacionamentos conceituais e sem quaisquer caminhos externos ou intermediários. Seria, antes, um profundo e indiscutível sentimento ou percepção d'Aquilo que É!

Ficaremos por aqui, acrescentando apenas que, ainda em decorrência da ação desse *1º Raio do Divino Poder*, a substância matriz Mulaprakriti – segundo terminologia própria – ainda se coloca em níveis superiores da matéria, como a do *plano crístico*, este já praticamente de teor divino, o qual, uma vez atingido pelo ser na condição de um Ascensionado

Mestre de Sabedoria, já lhe permite superar tudo o que até aqui foi possível compreender e viver através da mente e da intuição, experimentar nas tônicas da emoção e do amor ainda humano ou realizar pelas sintonias da harmonia, da arte e da beleza! Sim, na condição desse nível, em que vibra no ser a substância crística, o Ascensionado Ser, o Cristo Realizado, se integra no limpidamente Espiritual, *passando a participar em altura cósmica* e inacessível ao ser vulgar, ainda perlustrando os caminhos dos planos inferiores, da *condição divina* de integração absoluta na Realidade Oculta atrás da própria manifestação! Daí em diante, abre-se o caminho da evolução divina das Potestades, que adiante referiremos.

O *2º Raio de Poder* – que faz vir à manifestação a forma, promovendo a existência dos vários reinos da natureza. Constitui a via operacional, segundo a qual o Poder Criador configura, informa e permeia a infinita multiplicidade dos seres que vêm à existência, significando presença da Vida Divina em evolução, cujas experiências vão se fixando e acumulando através das idades, no *substratum* monádico, divino que lhe é inerente. Dessa forma, ao longo da caminhada experiencial, a onda de Vida Divina, através das condições do evoluir das mônadas mineral, vegetal e animal, sucedendo-se nas necessárias experiências cósmicas, chega ao ser individualizado, em que se firma definida a consciência de si próprio, daquele que se pergunta sobre a sua origem, a condição do viver atual e de seu destino.

Nas afirmações que ora fazemos, justifica-se, sob o ponto-de-vista cósmico, esotérico, absolutamente universal, a passagem do Evangelho de São João, quando se inicia dizendo do Verbo (o Filho) que se fez carne, afirmando:

> No princípio era o Verbo e o Verbo estava com Deus e o Verbo era Deus. E nada do que foi feito sem ele seria feito. (S. João, 1...3)

Tal esse *2º Raio de Poder*, o Cristo Cósmico "fazendo", criando os reinos da natureza expressos na imensa multiplicidade de seres, isto é, *formas de vida* de cada um deles: do mineral ao homem, do homem comum ao homem crístico – o Adepto, o Ascensionado Ser, realizado na *Crística Condição*, a qual abre, afinal, os caminhos superiores da Evolução lóguica das Potestades Criadoras Planetárias, Solares, Galácticas.

3º Raio de Poder, cuja virtude se abriga, está presente e atuante no aspecto consciencial da manifestação e no tonicamente teleológico, como de uma Suprema Vontade em Ação, para realizar um Cósmico ou Divino Propósito, qual seja, o da vinda à existência do Universo.

Esse aspecto consciencial e teleológico está como a constantemente revelar-se em todos os âmbitos ou níveis da expressão da dinâmica evolutiva da vida, tal como nós a vemos, mostrando-se desde a eletividade que, de início, se revela claramente positiva nas afinidades ou negativamente nas repulsões químicas, passando pelas sensações e virtudes de estranha e superior sensibilidade. Isso, a ciência atual já pesquisa no mundo vegetal, nos instintos e já pálidas ou mais definidas sugestões de inteligência e sentimento no mundo animal. Afinal, tal fluxo vem expressar-se na *consciência* individualizada do homem, que o conduz a afirmar-se, desenvolver seu Poder, em demonstração permanente da Vontade Realizadora, *visando a um Fim*...

Sobre esse assunto, as virtudes operacionais desse *3º Raio do Poder*, que promove a integralização essencialmente divina do ser humano, da criatura humana em marcha, voltaremos a falar quando tratarmos do Cristo Místico, estudo a que nos proporemos ao longo deste trabalho, visando a manter-nos à altura dos objetivos que o inspiram e que se resumem numa tentativa de oferecer uma visão indiscutivelmente universalista e cósmica, em profundidade e extensão, do *problema do Cristo* para o homem de hoje. Tal, aqui, a forma pela qual, em tônica de alta abstração, o espírito humano pode ver a realidade do Poder Criador Universal – como síntese dos *Três Raios de Poder*, considerados até agora de per si, mas atuando concomitantemente como uma Realidade Única.

Posto o que acabamos de expor, é de concluir-se com nitidez sobre o significado e as virtudes do Cristo Cósmico, aplicando-se-lhe tudo o que escrevemos sobre o *2º Raio de Poder, o Divino Imolado na Forma dos vários reinos da natureza*, conferindo, assim, a par da atuação concomitante, sempre presente, dos *1º e 3º Raios do Poder Criador*, o caráter essencialmente divino de todos os seres, de todas as coisas e, consequentemente, da criatura humana!

Não esquecer, porém, que nos referimos explicitamente a coisas, seres e criaturas da nossa ambientação humana, para tornar objetiva a exposição. Na verdade, o que dissemos inclui as formas, seres e criaturas de quaisquer sistemas planetários, solares ou galácticos do Universo, em que nos sentimos existir.

Dessa forma, descendo das maiores alturas em que nos colocamos, e pensando em termos do Sistema Solar, da própria vida planetária, aqui ou acolá, passará a ter sentido esotericamente profundo falarmos em *Cristo Solar*. Este, compreender-se-ia como a manifestação, no Sistema Solar a que pertencemos, do *Cristo Cósmico*, de que, largamente, tratamos antes, como o *2º Raio do Poder*.

Sendo assim, o *Cristo Solar* definir-se-ia como uma expressão do Poder Divino, presente e operante neste Sistema Solar, na gênese da vida planetária a que pertencemos, como também nos vários globos irmãos planetários, criando a forma, isto é, os vários reinos da natureza, segundo divinos modelos arquetípicos, para os quais elas tendem, cumprindo um destino. Daí, afirmar o sentido e a virtude da presença, em nossa vida planetária terráquea, do *Cristo Planetário* é só mais um passo na descida, desde o *Cristo Cósmico Universal*, de que partimos, passando pelo *Cristo Solar*. O Cristo Planetário, não um ser individualizado, mas um Sub-Raio, ou a manifestação limitada à nossa vida planetária do Raio Crístico do Divino Poder.

Devemos, todavia, acentuar que as virtudes do Poder Divino Criador Crístico (2º Raio) se acham efetivas nesse nível planetário, em conjunção com as outras virtudes dos demais Raios do Poder, revelando, como um todo, a Energia de infinitas possibilidades operacionais, utilizáveis em alto nível pelos Ascensionados Seres da evolução planetária, particularmente por Seres da cósmica estatura do *Senhor Cristo - O Grande Instrutor do Mundo*. O Seu Trabalho, Sua Presença e Divina Figura, procuraremos enfatizar e projetar em perspectivas próprias, visando a serem considerados, vistos e Ele, O Grande Instrutor, ser reverenciado e amado pela Humanidade do Mundo de Hoje, em *Espírito* e *Verdade*, como O devem reverenciar e amar aqueles que buscam a SUPREMA VERDADE.

Capítulo II
Do Cristo místico, o Cristo interno do coração humano

Devemos, neste capítulo, dizer sobre o Cristo em tônica e significado realmente diferentes, com relação a tudo o que antes referimos.

Entre esoteristas, ou pessoas um tanto inclinadas ao trato das coisas espirituais, fora das ortodoxias, é comum falar-se do Cristo Interno, a que também se faz referência como o Cristo Místico. De vez que estamos procurando dizer do Cristo em nosso mundo, de uma forma tanto quanto possível integral, havemos certamente que tratar desse aspecto, sob o qual o Cristo está presente na vida humana, no coração do homem. Presente e operante, impulsionando-o a buscar um dia expressar-se em luz de amor, sabedoria e poder no *Fazer* as coisas do *Existir*, em perfeita sintonia de propósito com a *Divina Lei*. Assim, pouco a pouco, o homem será conduzido à expansão de sua consciência individualizada, de sorte a participar lucidamente da própria *DIVINA CONSCIÊNCIA DO PODER CRIADOR*. Assinala o ensinamento esotérico que a euforia de alegria e felicidade atingida nessa altura, afirmada por Ascensionados Seres, jamais poderá ser inferida, ou verdadeiramente imaginada, pela criatura vulgar, ainda tão pequena da humanidade de hoje.

Que será o *Cristo Interno, o Cristo Místico?* Que possamos algo dizer, demonstrando-lhe a existência e a plena responsabilidade humana em buscar viver as suas virtudes de amor e tônica divina, atingindo a verdadeira sabedoria e as virtudes ou capacidades do Poder realmente *Atuar/Fazer*, em cósmico atendimento da Lei. Veremos, ao longo deste trabalho, a integração dessa responsabilidade do homem, em face do Cristo, como Grande Instrutor do Mundo, esse o Cristo Histórico de que trataremos mais à frente, revelado ao mundo, nos idos da Palestina, em Jesus de Nazaré.

No capítulo precedente, procuramos especificar a operação de cada *Raio do Poder Criador*, no fazer vir à existência o Universo e, particularmente, nos referimos ao 2° Raio (o Raio Crístico). Dele falamos ao nível solar e até planetário, justificando o significado da terminologia: *Cristo Solar, Cristo Planetário*. É evidente que esse procedimento didático, conduzindo a conceitos sobre a Energia Crística na vida nossa, planetária, se aplicaria analogamente aos demais Raios. O *1° Raio*, que promove a vinda à existência dos vários níveis da matéria-energia-espírito dos diversos planos da natureza, conforme assinalamos e o *3° Raio*, que traduz a presença do Poder, da Vontade Criadora conducente ao cumprimento do plano da evolução e se acha subjacente em esplendor de tônica divina nos aspectos concienciais e teleológicos do existir, os quais se revelam nas virtudes efetivas do poder, das capacidades impulsionadoras imanentes na forma, desde os átomos e os monocelulares, até a culminância humana ou super-humana.

Nesse *3° Raio de Poder*, em que se denuncia incisivamente *o Poder da Vontade Criadora* e a *Divina Presença da Consciência* promotora da decisão de Criar (mesmo que consideremos essa Decisão como da Potência Criadora como um todo), nesse 3° Raio, repetimos, considerado ao nosso nível planetário, se concentraria a reverência de Jesus, o Cristo, quando se referia ao "Pai". Ele, Jesus, expressão fluente de Poder Crístico (2° Raio) que, segundo o simbolismo de S. João, seria o "Verbo que se fez carne e habitou entre os homens". Esses aspectos simbólicos do ensino esotérico velado no *Verbo* e no *Pai*, hoje, podem ser apreciados com luz nova, que Mestres Ascensionados da nossa própria humanidade houveram, por oportuno, oferecer com nitidez à sensibilidade e ao entendimento do homem atual.

Vemos, então, com pleno sentido e justa razão, passarmos a considerar a operação dos três Raios de Poder ao nível planetário. É o que faremos a seguir, considerando a conjunção dos três Raios atuantes como expressão do Poder Divino, presente, permeante e continuamente atuante em toda manifestação de vida na face planetária. Por esse caminho, chegaremos ao verdadeiro significado do *Cristo Místico*. É como se, na poeira cósmica que somos, na *nossa Terra*, brilhasse, presente, o Poder que comandou a existência dos sóis e galáxias. De certa forma, agora no microcosmo, estão as *Virtudes do Amor e do Infinito Poder* que estão no macrocosmo e que a ambos condicionam. Assim também afirma a verdade dos livros sagrados: "O que está em cima é igual ao que está embaixo..."

Pelo que vimos expondo, passa a ter sentido, agora em termos de Logos Solar ou Poder Criador Solar, a descida vibratória que, em decorrência da virtude operacional do 1° Raio, faz vir à existência os vários níveis da substância, da matéria, apresentando, subjacente e dela irradiante, energias dos mesmos níveis, configurando os vários planos ou esferas da vida planetária, que se interpenetram, no sentido progressivo da cósmica sutilização da matéria e da energia. *Eis a forma*, por virtude do agora 2° Raio do Poder, alteando-se do físico ao mental e, à maneira de luz mais ou menos definida e brilhante, nos planos búdico, crístico, divino. Formas essas que, no processo de manifestação, inicialmente se plasmam no quase abstrato do mundo mental, atingem a perfeição do ideal geométrico no mineral, demonstrada pela beleza regida pelo número no cristal e, daí, em ascensão, se flexibilizam a serviço da vida atuante já no vegetal, elevando-se no animal e, finalmente, aperfeiçoando-se, em indiscutível beleza, na magia do ser humano! Essas formas, já vimos, são, como indicamos, o fruto da operação do 2° Raio do Poder, o Raio Crístico. O Cristo, agora, simbolicamente imolado no denso trabalho planetário, na criação dos vários reinos da natureza, o Verbo, afinal, que "se fez carne", no inspirado dizer de S. João. Todavia, a conjunção de *matéria e forma*, manifestação de um dúplice Poder, teria necessariamente, para a complementação do processo criador, a Presença Atuante do *3° Raio de Poder*, representado na Vontade do Fazer, na consciência que encerraria o próprio Fim do agora Propósito Solar de Manifestação e Destino. Daí, na Vida Planetária nossa terráquea, poder-se concluir da Presença operante do Tríplice Poder, caracterizando o Divino *substratum* da própria Vida, a Mônada Presente e experienciando nos reinos mineral, vegetal, animal e humano.

Então, agora, na Vida Planetária, cabe falar em: *Mônada Mineral, Mônada Vegetal, Mônada Animal* (nesses três níveis, almas Grupo) para depois, dizer: no *homem*, a Centelha, a Faúlha Divina, agora individualizada e que abriga o *segredo*, o *mistério*, a resposta à *multissecular interrogação* do que será, na realidade, a consciência dignificante, que marca em luz o advento do homem planetário.

Pois bem, essa faúlha, essa concentração indefinível do Tríplice Poder na intimidade do homem, de todos nós, esse cósmico acento do Divino que se interroga, se afirma e há de expandir-se, da unidade, até a glória do próprio Poder Criador. Essa viva e densa concentração do ideal, um dia amor-sabedoria, beleza e poder, é o que definiremos e denominaremos "O Cristo Interno ou Cristo Místico". Será a divina interioridade buscada pelos gênios espirituais, Santos e Mestres Ascensionados e Grandes Instrutores de todas as idades. Sim, buscada para nela se realizarem, expandindo ao infinito a sua própria consciência individualizada até à cósmica, infinita consciência da Potência Lóguica Criadora!...

Esse o Cristo Místico da nossa definição, que o humano ser há que realizar ao longo do caminho, transmutando, por mágica alquimia, todos os impuros valores das pretéritas experiências, no ouro puro do mais elevado valor, agora condensado no divino amálgama de amor-sabedoria, beleza e Lóguico Poder!

Tal o *Cristo Místico*, realizado em plenitude pelo Avatar de Amor, que se mostrou ao homem na ímpar figura de Jesus de Nazaré, a vívida realidade do *Cristo Histórico* da Palestina de quase 2000 anos, de quem falaremos a seguir.

Capítulo III
Do Cristo histórico, o grande instrutor do mundo

Diante do que acabamos de expor nos capítulos precedentes, ficou bem claro que buscamos apresentar o mundo em termos teleológicos, segundo os quais a Potência Criadora procurou atualizar-se em formas, energias e valores espirituais, fazendo vir à existência o Universo em que nos sentimos viver. Dessas alturas, em que consideramos a manifestação universal, passamos ao trabalho da operação criadora do Poder Solar, agora atuando para a existência da manifestação em nível planetário. Referir-nos-emos, porém, neste livro, explicitamente, à nossa Terra, à sua vida, do plano físico ao crístico. Todavia, cumpre-nos acentuar que anunciamos a validade do que afirmamos para todo o sistema planetário, planetas conhecidos da nossa Astronomia e, até, uns tantos outros, cuja existência apenas de leve aqui indicamos, só considerados, justificados e estudados nos níveis mais avançados de aprofundamento do Ensino Esotérico, científico, de FONTE MAIOR.

É do ensino esotérico-científico mais elevado, afirmar-se que seres cosmicamente ascensionados, atingindo o nível crístico, passam a uma evolução superior, divina, lóguica, realizando-se um dia na condição de verdadeira Potestade Criadora! Alçados a esse superior *status*, integram-se na plenitude da Divina Lei, coparticipes ativos do processo evolutivo em marcha. Disporão, então, aqueles seres, de inimaginável Poder, para atuar segundo os Fins Maiores da própria manifestação, nos ambientes planetário, solar, galáctico e mesmo universal.

Resulta, assim, depreender-se que, de acordo com aquele ensino, doravante considerado como provindo de FONTE MAIOR, há, em todos os níveis de hierarquia do Poder, seres com capacidade operacional própria às várias fases e características do processo da manifestação, não apenas neste ou naquele sistema solar ou galáctico, mas seguramente em todos eles.

Atendo-nos, porém, agora, à evolução da nossa vida planetária, em atividade desde o primórdio de sua eclosão nos monocelulares, pelos caminhos árduos e longos percorridos pelo vegetal e o animal, eis-nos apreciando o homem, herdeiro dessas experiências efetuadas ao longo da telúrica jornada. Perguntaríamos: sem rumo, sem destino, atirado nas incertezas do presente ou dos futuros tempos por viver, agora ou amanhã!?... Em face do que vimos expondo, haveremos de responder: NÃO!... Relembrando Pitágoras, diremos:

"*O Poder Maior Vela Junto à Necessidade*"

Daí, em nível da nossa evolução planetária, no atendimento aos múltiplos departamentos, que possamos visualizar, como encerrando as atividades do existir terráqueo, a presença de *uma Hierarquia de Valores Espirituais* constituída de Seres Realizados no poder de Velar sobre o cumprimento da Lei e Conduzir a Vida, segundo rumos do seu cósmico destino.

Tais seres constituem a Suprema Hierarquia Planetária, que tem a seu cargo a evolução terráquea, como um todo. Essa Hierarquia há que apresentar-se rica de Valores e Excelsos Poderes Espirituais, que o homem comum mal poderá conceber, ainda não capaz de compreendê-la na intimidade de suas próprias capacidades e virtudes, uma vez que se situa, ainda, na infância de seu evolver. No ápice dessa Hierarquia, estaria o Senhor do Mundo, o Melchisedek bíblico, o Sanat Kumara, ou, como alguns a Ele se referem, o Vigilante Silencioso, solícito e atento a toda necessidade da dinâmica da vida planetária, continuamente refletida, ou melhor, integrada às energias, poderes e virtudes do seu Amor Lóguico-Solar.

Se, agora, considerarmos tudo isso em nível menor, no sentido específico do seu mister, da razão de ser da Presença Espiritual junto à Humanidade, em seu processo de progressiva ascensão, encontraremos, então, a "*Grande Fraternidade Branca*", constituída de Seres Ascensionados, Adeptos já realizados nas próprias experiências planetárias, não só nas raças que ainda entre nós se encontram, como, também, em outras pré-históricas, das quais se mantêm apenas sensíveis traços.

Na "Grande Fraternidade Branca", cuja maioria dos membros sabiamente se ocultam nas mais elevadas montanhas do Himalaia e, também, alguns outros, nas do Líbano, Europa Central ou dos Andes, vamos encontrar, como Supremo Hierarca do Raio da Instrução Espiritual, a figura ímpar do Senhor Cristo Maitreya e, também, a do Senhor Jesus de Nazaré. Este, um Avatar de Divino Amor, exemplificante de crístico viver e que trouxe ao mundo, há quase dois mil anos, a mensagem, a palavra do mesmo Senhor Cristo, o Grande Instrutor do Mundo, pela qual viveu e entregou a vida – na magna experiência de sacrifício na cruz do Gólgota. A respeito desses Seres Maiores, de tão elevada responsabilidade planetária, já alguma coisa se sabe através de outros tantos de hierarquia menor, que, pela renúncia a seus imediatos confortos, extrema dedicação e até com visíveis sacrifícios, passaram inegavelmente a bem credenciados titulares da confiança humana! Ainda mais: essas criaturas, nas quais nos louvamos para dizer e propagar informações, conhecimentos desses níveis sutis, sempre houveram por bem indicar-nos o caminho ou os caminhos para as nossas próprias experiências, visando ao conhecimento direto, à verificação pessoal, com a própria identificação da valia do que afirmam, impondo-nos, assim, as suas palavras e crédito de confiança nos ensinamentos que ministram. Constituem verdadeira mensagem, que plenifica de acendrado amor e vívida esperança, o coração humano! Em face disso, é que podemos afirmar daquela "Augusta Fraternidade Branca", Maior Hierarquia Espiritual na vida planetária, da qual nem todos os membros se encontram em veículo físico, isto é, com um corpo humano normal.

Na verdade, muitos deles têm os seus veículos mais densos nos níveis, quer hiperfísico – de natureza etérica hiperespacial -, quer astral, ou mesmo dos subplanos mais densos do mundo mental planetário. São eles os chamados *Nirmanakais*, seres já realizados na condição de Adeptos, ascensionados em nossa evolução terráquea que, apesar do estágio evolutivo atingido, preferem continuar a dedicar-se aos problemas da vida planetária, com as mais variadas ou específicas tarefas, a que se lançam por amor à humanidade. Em consequência, dão-se com amor à participação da ingente divina tarefa, que tem a seu cargo Sanat-Ku-mara, o Senhor do Mundo, O Ancião dos Dias, operante do Centro Etérico-Espiritual de Shamballa, à altura geográfica do deserto de Gobi.

Parte desses grandes seres encontra-se, porém, na densidade do espaço físico comum, imersos na efetiva materialidade de um organismo físico humano, apesar de, também, super-realizados em crístico poder e divino amor!... Alguns desses últimos, sob uma denominação ou outra e, até mesmo, sem sabermos da sua real condição, habituamo-nos a reverenciar e invocar nos difíceis momentos do nosso viver atribulado! Entre eles, é obvio, devemos destacar, no Ocidente, com acento de subida reverência, a excelsa personalidade de Jesus de Nazaré, *o Senhor Jesus Cristo*, extraordinário ser que o mundo conhece e cultua como o *Divino Mestre*, Aquele que dividiu, com marco de luz inconfundível, a história da humanidade!...

Todavia, o ensino mais elevado, fundamentado na mensagem inspirada nas fontes já referidas, particularmente apoiada por dois Grandes Mestres daquela Grande Fraternidade Branca, Mestres Kut-Humi e Morya, é afirmado na Divina Simbiose realizada no Senhor *Jesus-Cristo*. Aí, encontramos a íntima e verdadeiramente cósmica comunhão, até mesmo identificação, quando da missão, na Palestina, *de Jesus*, já um ser Ascensionado da Fraternidade Branca, com o *Senhor Cristo*, assim chamado no Ocidente, ou o *Senhor Maitreya* do Oriente, maior hierarca e Mestre dos Mestres dessa Augusta Fraternidade, operante no plano visível, isto é, acessível à nossa vista e compreensão humanas. Esse, o *Senhor Cristo*, à luz da informação constante da referida mensagem de, aproximadamente, um século aos dias de hoje, afirmado, proclamado e reconhecido – é verdade que ainda por pequena minoria – como o *Grande Instrutor do Mundo*.

Sendo assim, seria de vê-lo, o Senhor Cristo divinamente

manifestado, integrado por sutis processos que, na realidade, ainda desconhecemos, na ímpar exemplificação de *Amor* e *Poder* que foi a vida de Jesus. Patrocinada, desse modo, do crístico plano mais alto, ofereceu Jesus à densidade emocional e incerta das paixões e ambições humanas e às suas imanentes aspirações superiores, a lição que se constituiu na *Divina Epopeia* de *Amor e Glória de Imarcescível* Luz, que foram a *Vida*, o *Exemplo* e o *Sacrifício* do FILHO DO HOMEM, a existência sem par vivida por Aquele extraordinário Ser reverenciado por toda parte como o *DIVINO MESTRE!*

Definimos, então, nos termos e segundo as razões que precedem, o *Cristo Histórico* na pessoa humana *de Jesus*. Na verdade, acabamos de conceituá-LO e, assim, vê-LO em perfeita integração realizada no *Cristo e Senhor da Hierarquia da Grande Fraternidade Branca*.

Jesus, apreciá-LO-emos, então, como realizado naquela substancialidade Crística, *Cósmico-Solar-Planetária* de que tratamos em capítulo precedente, na qual se plenificou durante Sua vida ímpar, identificando-se com o Grande Instrutor do Mundo, o Senhor *Cristo-Maitreya*, este, porém, já pleno dessa divina condição crística, cósmico-solar, bem antes da missão da Palestina, de há quase dois mil anos!

Na angulação em que nos pusemos, para dizer do *Cristo Histórico*, cabe considerar a presença na Terra, em forma humana, de outros grandes seres ascensionados, à forma pela qual nos referimos a *Jesus* e ao *Senhor Cristo*. Tais Seres, como já os denominamos, Adeptos e Mestres, assim chamados quando realizado o Adeptado, passam a aceitar discípulos. Para nos mantermos sempre tão claros quanto possível, definiremos o Adepto como o homem que atinge o ápice da evolução humana normal, realizando-se plenamente no conhecimento e nas experiências em quaisquer dos 3 planos inferiores da manifestação: *físico, astral e mental*. Quando isso acontece, diz-se que transpôs a 5ª iniciação. Passam a realizar sua evolução em planos superiores, atuando nos inferiores apenas em caráter missionário. Um Adepto, vivendo em corpo humano e que aceite discípulo, eis um chamado Mestre de Sabedoria, à forma, por exemplo, de Kut-Humi e Morya. Estes, nessa condição, aceitaram e apoiaram Helena Petrovna Blawatsky para servir, de forma tão extraordinária como serviu, à Humanidade.

Na verdade, figura eminente no que respeita ao conhecimento esotérico mais profundo, velado ao homem de percepção vulgar, sem grande interesse intelectual e em ausência praticamente completa de fluxos intuicionais, ela, Blawatsky, se eleva à culminância de um discipulado de tal ordem que, para o Ocidente, se apresentou à altura de uma verdadeira Mestra. Constitui-se em um exemplo de energia, coragem e fé, culminante em extraordinária cultura, a par da realizada missão filosófico-espiritual, expressão de Sabedoria demonstrada e consagrada nos seus livros *Isis Sem Véu* e a *Doutrina Secreta*, projetando-se em nosso pequeno mundo, como uma brilhante vanguardeira do que poderá conquistar, nos séculos futuros, em *ciência, amor e poder*, a difícil humanidade atual!

Assim, na perspectiva dessa Grande Hierarquia Espiritual, presente e atuante no cenário planetário, e que Blawatsky, conduzida por Excelsos Mestres, nos fez conhecer, é que vemos nitidamente o *Cristo Histórico*, isto é, o Cristo revelado e vivamente atuante na personalidade ímpar de Jesus de Nazaré.

Dessa forma, o *Cristo Histórico*, aquele que realizou cósmica ou divina simbiose com o Grande Instrutor do Mundo – O Senhor Maitreya, é, como já dissemos, o Excelso Ser que passou à posteridade como *Jesus de Nazaré*, o *Divino Mestre*. Nele realizou-se a perfeita cristificação, que todo homem deve buscar através do próprio e contínuo viver, agora ou no futuro. Essa cristificação compreende-se como uma perfeita realização espiritual que, após iniciar-se no coração humano pelo vislumbre intuicional da luminosa essencialidade da vida superior, transcendente às flutuações comuns das experiências do mundo físico e às habituais ansiedades emocionais e intelectuais humanas. Então, se afirma progressivamente, ampliando-se como se uma luz espiritual interna fosse acesa e mais e mais se intensificasse, plena dos conteúdos sutis de fraternidade e de amor sem limites! Despertar-se-ia, então, a visão divina do *Mundo Maior* e se transformaria, aquela luz, na luz pura de brilho solar, vivida pelo próprio Jesus e todos os

Ascensionados Seres, Avatares do Divino Amor, que nos têm visitado através do tempo!

E, então, lembramos a sua própria palavra, de Jesus, quando diz:

> Eu sou a luz do mundo; aquele que me segue, não andará em trevas, mas terá a luz da vida.

E o próprio São João, em seu iniciático Evangelho:

> Nele estava a vida e a vida era a luz dos homens. E a luz resplandece nas trevas, mas as trevas não compreenderam. (João: 1.5)

É claro que essas duas citações evangélicas denotam acento próprio ao *Cristo Místico, Luz Divina Interna do Coração Humano*, que já conceituamos e dela dissemos haver sido realizada em plenitude naquele mesmo Excelso Ser, Jesus de Nazaré, segundo as Suas próprias palavras, retro citadas e ainda confirmadas, quando diz:

"Eu sou o Caminho, A Verdade e A Vida". Isto é, Luz que há de conduzir o ser humano ao longo da Senda, do Caminho da Vida!...

A esta altura, já podemos acrescentar que, na história – que o futuro escreverá – estará bem claro, perante o homem comum, a irretorquível historicidade do Cristo, não apenas manifesto em Jesus de Nazaré, mas em o Cristo e Senhor, Supremo Hierarca da Grande Fraternidade Branca que, revelado ao mundo, para o ciclo de Piscis, em Jesus, e com Ele identificado, será visto, agora e no futuro, como um Excelso Ser já a caminho de *Iniciações Lóguicas, Divinas*. Seguirá a linha das Potestades Realizadoras, Criadoras, em que se expressa, de forma sempre mais perfeita, todo o Infinito de Virtudes Operacionais do *3º Raio do Poder Realizador, da Vontade no Fazer e da Consciência*! Tal o Supremo Poder, humildemente reverenciado pelo próprio Jesus, quando o chamou de *PAI!* Deu Ele então uma profunda lição esotérica para os do tempo futuro – o que estamos vivendo – assim como, para os daqueles idos, que o seguiam e, posteriormente, o seguiram, os quais, porém, não podiam, não puderam ou, ainda hoje, não podem ou não querem entender:

“Eu e o Pai somos Um”. Sim, expressões da mesma Potência Una, Absoluta, Razão e Causa de toda a Existência!

Sobre Jesus, o Cristo Histórico, segundo apresentamos nessa angulação objetiva, abrangente da afirmação, em nosso mundo, do Senhor Cristo-Maitreya, o Grande Instrutor do Mundo, ainda acrescentaremos bem mais, visando agora a ressaltar Sua aparição junto à humanidade, o natural caminho do Seu ímpar viver, culminante no Gólgota.

Diremos do Amor, da Sabedoria, do Poder, consequentes à superior realização do Ser plenificado de cósmicas e divinamente espirituais experiências, vividas em evoluções pretéritas, tal como aconteceu a Jesus de Nazaré!...

Capítulo IV
Jesus, o Cristo histórico

Sejam quais forem as perspectivas, segundo as quais procuraremos apreciar a vida física, histórica de Jesus, o Cristo, não há negar o fato positivo de que entre os hebreus, durante séculos e séculos, se esperava o Messias Salvador, que os conduziria à eminência a que aspiravam como povo eleito. Entre outras passagens proféticas da Bíblia Sagrada da tradição judia ocidental, lembremos a palavra de Isaias, quando anuncia:

> E tu, Belém-Ephrat, que és pequenina entre as cidades de Judá, de ti nascerá aquele que será rei em Israel, o Príncipe da Paz, o Príncipe da Luz, que iluminará o mundo! (Miquéas: V – 2)

E mais, em outra parte:

> Voz do que clama no deserto, preparai o caminho do Senhor!... (Isaias: 40...3)

E, na verdade, em Belém, nasceu Jesus, chamado depois o Nazareno, cumprindo-se, também, a bíblica *palavra*, quando afirma:

> De Nazaré virá a Luz e Ele se chamará o Nazareno. (Mateus: 2, 23)

Por outro lado, clamou a voz austera e clara de João Batista no deserto, anunciando a então próxima vinda do Avatar de Amor, daquele de que dizia, às margens do Jordão:

> Eu vos batizo com água, mas virá aquele que vos batizará com o fogo do Espírito Santo e de quem nem

> sou digno de desatar a correia das sandálias. (João: 1, 26...7)

E Jesus realmente chega. Submete-se ao batismo da água daquele corajoso precursor, o que pronunciava, com acentos de energia jamais vistos naquelas paragens, a palavra de clamor e suprema advertência, junto ao homem desavisado das correntes do amor fraterno! E o faz sem limitações de raças ou condições sociais! Fala ele, o precursor João Batista, ao homem de então, adstrito à raça, à mórbida esperança egoística, de um sentido de eleição divina tantas vezes frustrada por experiências de sofrimentos e cativeiro!

Na verdade, afinal, poderoso ser, missionário do futuro ciclo do evolver humano, toma corpo e o Filho do Homem – como Ele próprio se denomina – aparece em missão de amor e divino serviço. Como já citamos, no dizer de São João:

"O Verbo se fez carne e habitou entre os homens".

Então, quem sabe a Sua verdadeira história: Seu nascimento, Sua educação inicial, as condições e circunstâncias de Sua iniciática ascensão à plenitude inconfundível de verdadeiro Mestre, capaz de Divino Ministério de Sabedoria e Amor?!... E o verdadeiro significado do sacrifício inaudito ante a insensatez humana, de Sua morte, selo definitivo da excelsa missão entre os homens?!

De Jesus, a histórica e fulgurante personalidade se destaca de tal forma na vida da humanidade, que muitos têm afirmado ser figura de lenda, traçada ao certo para cumprir todas as previsões bíblicas, profecias que se encontram seguidamente nos textos dos profetas maiores e menores, apontados pelos exegetas do chamado "Velho Testamento" da tradição hebraica! Dessa forma, não haveria existido como homem, com aquele sumo poder de polarizar amor, curar enfermos, levantar paralíticos e estropiados ao longo do caminho, segundo afirma a história trazida até nós, desde quase dois mil anos!...

Nada nos importará nesse sentido, porque este livro não pretende minuciar estudos de tal natureza! Apenas, por agora, cabe-nos dizer resumidamente, mais em caráter referencial e não de aprofundamento do Seu ensino – o que faremos mais adiante –, dos fatos marcantes do Seu viver humano, em conexão com os ensinamentos que trouxe ao mundo, exemplificados na cósmica plenitude de Sua vida ímpar!...

Dentro, pois, da orientação que nos traçamos, seremos bem sucintos no que tange ao específico assunto deste capítulo. De outra forma, enveredaríamos por caminho diferente, fora do propósito que nos fixamos, qual o de demonstrar, enfatizar, o trabalho do Cristo no Mundo de Hoje, para a *Humanidade de Hoje*.

Não nos ateremos apenas, porém, aos textos evangélicos ou epístolas quaisquer que se encontram no "Novo Testamento". Aceitamos, assim o supomos, informações que chegam a nós, homens de hoje, oferecidas por Irmãos Maiores, como também as que provêm do silêncio dos arquivos secretos de templos iniciáticos, às quais a Sabedoria dos Maiores houve por bem fazer chegar até nós: as informações de FONTE MAIOR.

Daí, advertimos, a reformulação de tantas antigas assertivas, bem assim o acréscimo de outras tantas não constantes dos textos evangélicos e epístolas existentes.

Jesus, o Cristo, não teria nascido em estábulo, mas no lar muito simples e humilde de gente de Sua família nos arredores de Belém. Naquela noite, pairava sobre a natureza o silêncio interno e externo dos extraordinários momentos e, "no límpido céu daquelas paragens, dava-se a brilhante conjunção de Júpiter e Saturno, consagrando, no espaço sem fim, a descida ao mundo físico do Excelso Avatar do Divino Amor"!

Naquele momento de indefinível magia que envolvia os seres e as coisas, os simples pastores que velavam, como em estranho êxtase, julgavam ouvir, tocados também de inesperada visão de uma luz diferente que se estendia até o lar em que Jesus nasceu, o coro angélico que entoava:

"Glória, Glória a Deus nas alturas e Paz na terra. Aos homens, Boa Vontade!..."

Despertos, dão-se conta do fenômeno. Dirigem-se àquele abençoado lar e, ali, então, entre essênios, José, Maria e outros, nascera Jesus!... Nessas passagens e no que se apresenta à frente, louvar-nos-emos no extraordinário livro *Harpas Eternas* de autoria do Mestre Hilarion de Monte Nebo, ser já com a responsabilidade e a sabedoria do Adeptado.

Segue-se, de imediato, o aviso do extraordinário evento – o nascimento de Jesus – a vários templos essênios, os quais, pelo exercício de clarividência premonitória de alguns dos seus membros, de há muito, ansiosamente O aguardavam. E o grande acontecimento se dera em sintonia com o sinal da conjunção planetária – Júpiter-Saturno, e o coro angélico no espaço luminoso ouvido pelos pastores que velavam.

E muitos espiritualistas já mais avançados, da índia, da Pérsia e da Arábia, na visão transcendental dos seus Maiores – Gaspar, Baltazar e Melchior – conscientizam-se do extraordinário nascimento. Então, impulsionados por Inspiração Maior, segundo a Divina Lei, buscam os três o Divino Avatar ainda no berço. Encontram-se e, conduzidos por estranha luz que a tradição refere como a "Estrela de Belém", vão ter ao local e homenageiam aquele Excelso Ser, oferecendo-lhe, em sinal de submissão, reverência e adoração, *ouro, incenso e mirra*.

Fixam-se, então, as responsabilidades daqueles três grandes Hierarcas das maiores correntes do espírito da época, na ajuda à Magna Missão, que trazia ao Mundo aquele Avançado e Realizado Ser.

E conta, ainda, o Mestre Hilarion, da suposta fuga para o Egito, quando da perseguição de Herodes, ordenando a matança das crianças da presumível idade de Jesus. Diz-nos, então, que Ele, a esse tempo, foi recolhido em ambiente essênio, nas alturas do Monte Líbano, onde se permaneceu, em segurança até aos 7 anos de idade, em companhia de Sua devotada mãe, a cultuada Virgem Santíssima do nosso Ocidente.

Filon de Alexandria, discípulo do Rei Mago Melchior, e que o acompanhara ao berço de Jesus, achando-se na Palestina, havia procurado a família fugitiva, para realmente levá-la ao Egito, sendo, porém, frustrado em seu objetivo, ao saber, em Tyro, haver a família ali estado e partido com rumo desconhecido, aos cuidados de credenciados Guias Essênios, atentos aos tristes acontecimentos.

Voltando pesaroso e preocupado ao Egito, certa noite, quando, no auge de indizível angústia na amurada do convés do pequeno barco que o levava de volta ao Egito, meditava, eis que sobreveio estranho transe e ele ouve:

"Descansa em paz, Filon, que Sulamita e Seu filho estão em segurança!..."

Mal refeito da viva emoção, sobrevém de imediato, como em divina magia, à sua audição interna, uma outra mensagem:

"Obrigado, Filon. Eu te pagarei no Egito, a visita que me fizeste no Berço!..."

E assim o faz, aos 22 anos, já um verdadeiro iniciado essênio, a caminho firme da preparação final para a Divina Missão.

Logo após o nascimento, ocorrências extraordinárias já acompanham a vida do menino, consagrando a fé dos que se lhe acham mais próximos, em que era Ele, em verdade, o Messias esperado havia muito. Aquele que a tradição profética anunciava em várias límpidas passagens bíblicas. Certa vez, o próprio Mestre Nicodemus, com quem travaria tão significativo e preciso diálogo, com alta implicação de transcendental ensino, constante dos textos evangélicos, Dele se aproxima, quando ainda criancinha, toma-O nos braços, erguendo-O a certa altura, fita-O e exclama:

"Se és realmente o Messias, o Salvador Prometido e tens Divino Poder, cura-me deste câncer que trago ao peito e que, certamente, em breve, não mais me permitirá que sirva no Templo e pregue a palavra do Ensino".

Assim faz, expressando ansiedade e fé. Logo, dá-se conta e os circunstantes o confirmam, de que está curado: uma leve película cobria já toda a ferida, imediatamente cicatrizada!

De volta ao lar, depois daquele período longe da fúria de Herodes, eis a Criança na vida comum do Seu viver natural, no dia a dia humilde, honesto e puro, do abençoado lar do Carpinteiro de Nazaré. Frequentava com Seus pais as sinagogas, em que se pregava a Lei antiga, onde se afirmavam, pelas profecias, as esperanças do povo judeu.

Certa vez, o Instrutor falava de Samuel, o qual, junto à fonte de Siloé, havia tantas vezes deixado cair a palavra de ensino e demonstrado poder espiritual. Jesus, criança de menos de dez anos, levanta-se e, inspirado, anuncia, com veemência, à sua volta que, novamente, a palavra de Samuel voltaria a ser colhida junto à Siloé!... Afirma o novo advento do Grande Profeta que, pouco depois, quando aos 12 anos se dirigia Jesus com a família para os cerimoniais do Templo de Jerusalém, identificou em João, o Evangelista, seu futuro e mui querido grande discípulo. Conta *Harpas Eternas* a extraordinária beleza desse encontro de Jesus com João Evangelista, ao nascer, prenúncio de uma união missionária futura do maior relevo.

Após os 12 anos, recolhe-se novamente à ambientação essênia e, daí até aos 30 anos, época de seu batismo, silencia a informação dos Evangelhos a seu respeito. Depois do nascimento, diz apenas: "e a criança crescia em graça e beleza". Silencia, depois da visita ao Templo aos 12 anos, quando conversa e discute, com excepcional clareza e brilho, com os doutores da Lei, espantados com tal Palavra expressa por uma Criança! Sim, a maioria absoluta dos doutores, ainda alheios à Sua missão, mal adivinhava o verdadeiro Mestre que viria! Ou melhor, que ali naquele Ser estaria!...

Então, ainda no Templo, reza o texto evangélico, responde Ele à sua mãe, ansiosa e inquieta, que voltara de longe, do caminho de regresso ao lar, à Sua procura e começara a censurar-Lhe por haver ficado no Templo, deixando-a em tal aflição:

"Mulher! Não sabes que tenho de tratar das coisas do meu Pai?"

A seguir, obediente, deixa o Templo em companhia de Sua mãe.

Passa-se o tempo. Dos Seus 12 aos 30 anos, se mantém Jesus junto à Fraternidade Essênia. Esta, uma Ordem Mística Iniciática de subida valia, segundo a tradição esotérica, a qual atua também junto às necessidades do sofrimento humano, conhecidos os seus membros como os terapeutas, isto é, aqueles que curam. Entre os Mestres dessa Fraternidade se instrui Jesus e, afinal, se realiza na plenitude de um iniciático aprendizado. Aprende e aprende, de verdade, todos os conhecimentos e experiências dos Seus Instrutores e, em pouco, a todos transcende, integrando-se em crística realização, a qual culminará em demonstração suprema de *sabedoria* e *poder*!...

Nesse ínterim, aos 22 anos, cumpre a promessa da visita ao Egito, permanecendo algum tempo junto a Filon, o consagrado pela posteridade Filon de Alexandria, filósofo de indiscutível altura esotérica, a que ascende como dileto discípulo de Melchior da Arábia. No Egito, vai Jesus encontrar reais subsídios para a integração objetiva, humana, do Seu então mui avançado saber, no que dizia respeito às civilizações antigas, que se perdiam, àquele tempo, no longínquo e obscuro passado Atlante e Lemur. Pode então Jesus assenhorear-se dos segredos iniciáticos do antigo Egito, verificar, viver e comprovar, por outra via, a autenticidade do ensino e das experiências espirituais que vinha colhendo entre os Essênios, em decorrência de documentos secretos guardados no silêncio dos seus templos. Dessa forma é que se afirma, pouco a pouco, a certeza da responsabilidade que, de há muito, Lhe vinha cabendo em relação ao destino da atual humanidade, quando se certifica, por vários caminhos, de que, junto a ela, já estivera várias vezes, desde a Lemúria, a Atlântida e, até, no passado da raça ariana, que se desenvolvera a partir do continente asiático. Como Antúlio, o Grande Instrutor Atlante, desde muito criança, entre os essênios, tomou conhecimento, ouvindo leitura sobre as realizações transcendentais desse magno Instrutor. Em tais momentos, entrava suavemente em estado como de uma hipnose transcendental e passava a participar daquelas experiências, como sendo Ele próprio! Ficavam-Lhe sensíveis marcas de delicadas e sutis emoções e límpidas claridades, em consequência daquelas leituras propiciadas pelos Instrutores Essênios de então, conforme diz, com extrema propriedade – e até notável poesia –, a palavra de Hilarion de Monte Nebo.

Por outro lado, Jesus informa-se, no Egito, da *tradição histórico-esotérica* lemur, que teria vindo, por impulsos da atuação corajosa e pioneira dos Flamínios, no sentido da preservação dos conhecimentos superiores legados por Grande Instrutor daquele desaparecido continente, a Lemúria, hoje remanescente na Austrália e ilhas do Pacífico. O ensino desse conhecimento maior, cuja origem se perde na grande noite do tempo, preservado e conduzido pelos Flamínios, subindo pelo leste do continente africano, teria vindo inspirar a própria evolução do esoterismo egípcio, bem como, mais distante e mais remotamente, a eclosão e desenvolvimento do esoterismo hindu. Isso tudo, muito antes do advento dos primeiros núcleos da raça ariana. Teria precedido, mesmo, o passado védico, que, outrossim, possivelmente influenciara!

Assim é, que Jesus volta à Palestina seguro do imenso passado humano de que houvera participado, desde a Lemúria, como um dos seus lnstrutores, passando pela Atlântida e, ainda mais, instruído sobre a civilização adâmica, na Mesopotâmia, da qual participara vivamente como Instrutor e Governador, na pessoa de Abel. Isso, à altura de pouco mais de 8.000 anos antes daquele instante em que se encontrava! Tais informações acham-se no magnífico livro *Origens da Civilização Adâmica - A Vida de Abel*, de autoria do mesmo mestre Hilarion, em que a clarividência reafirma muito e muito dos arquivos secretos dos templos iniciáticos do Oriente. Todas essas certezas e experiências, confirmadas amplamente na ambientação egípcia, levam Jesus a revigorar-se no sentido da consciente preparação que se acentuava, para, afinal, assumir extraordinária missão junto à nossa difícil e atribulada Humanidade!... Conta, ainda, impressionante passagem de *Harpas Eternas* que, a seguir apresentamos, pedindo vênia para fazê-lo livremente. Já próximo do momento de seu batizado nas águas do Jordão, eis que, certa vez, realiza uma vivência espiritual, que Lhe significa suma advertência. Uma precognição que merecera a Sua alma de escol, a qual teria, certamente, feito recuar um ser diferente, ainda não supremamente realizado como Jesus de Nazaré!... Ele, Jesus, em vivência de dimensões superiores, que palavras não explicam e o conhecimento humano não atinge, perplexo, pela contingência inferior em que se põe, em que é dimensionado, sente alçar-se além da própria Terra! E olha e contempla em torno, percebendo como uma esfera semiescura envolvente da superfície planetária e da humanidade que ali existe!... Sente tristeza imensa e, ao mesmo tempo, infinito desejo de ajudar essa humanidade! Vê-se, então, atuando, agindo e sofrendo! De repente, em sequência como de causa e efeito, se dá conta de um abismo trevoso, como se fora um poço sem fundo, sem luz, de densa escuridão! E, pouco e pouco, do fundo, em pálida luminosidade, vai surgindo uma figura imensa, posta de mãos e pés atados sobre uma gigantesca cruz. Aquela figura, progressivamente, se ilumina mais e mais e Ele, Jesus, nela identifica a sua própria face. Naquele estado, compreende o significado da visão. Convence-se de que um holocausto imenso sobre a cruz O aguardaria, se prosseguisse naquele caminho de *Espiritual Serviço* junto à miséria humana!

Era como se uma Voz Lhe indicasse uma evidência e, ao mesmo tempo, uma ameaça! Ainda como se Lhe dissesse que a Ele competiria decidir! Ainda haveria tempo! E, naquele próprio instante, todo o Seu Ascensionado Ser responde em Suprema e Indefinível decisão: "Aceito a Missão!... O holocausto será o selo indelével do cumprimento da Magna Tarefa que recebi, quando desci ao mundo dos homens, dos meus irmãos humanos!... Cumpra-se a Vontade d'Aquele que Me envia ao *Divino Serviço!*"

E volta à vida normal, na harmonia da convivência essênia. Pouco depois, vai ao batismo do Jordão e à epopeia de uma vida atuante, ostensiva, entre os humanos, até ao sacrifício no Gólgota!

Capítulo V
Jesus inicia a missão – primeiros acontecimentos

Nos capítulos seguintes, trataremos da missão de Jesus, o Cristo, em termos do seu significado exotérico, dos aspectos até científicos para o mundo de hoje, como também do seu conteúdo esotérico. Veremos o que está presente no fluxo do seu Exemplo – Poder, Discernimento e Amor, da sua Palavra – Ensino, Sabedoria oferecida aos do seu tempo e aos que viriam. Pena, realmente, é que a realidade da missão essencialmente divina de Pleno Avatar de Crístico Amor, presente em Jesus de Nazaré, haja sido, com o tempo, progressivamente interrogada e velada, ao sabor das conjunturas humanas, sociais e políticas, de um interesse religioso temporal de evidente pouco nível espiritual, desde que guerras e intensas lutas fratricidas, procedimentos de torturas inquisitoriais inomináveis, tudo isso foi conduzido sob a invocação de Seu excelso nome:

Ressaltaremos em Jesus, o Cristo, a condição por Ele afirmada de "Filho do Homem", pois um *Verdadeiro Homem*, paradigma sem par, único em sua grandeza, do homem do futuro, a realizar-se pela própria humanidade como um todo, dentro de um ou mais ciclos de sua cósmica evolução!...

Reza uma das passagens evangélicas:

> E no dia seguinte, João viu Jesus que vinha a ele e disse: eis o cordeiro de Deus, que tira o pecado do Mundo. (João: I, 29).

E, ainda:

> Este é aquele do qual eu disse: após mim vem um varão que foi antes de mim, porque já era primeiro do que eu. (João: I, 30).

E, ao aproximar-se para o batismo, João tentou impedi-lo, dizendo: "Eu preciso ser batizado por ti, e tu vens a mim?"

Respondeu Jesus: "Deixe assim por enquanto; convém que assim façamos, para cumprir toda a justiça". E João concordou. (Mateus: III, 14, 15).

Já aqui, quando inicia a missão, marca exemplo de humildade, aproximando-se daquela voz inflamada, pura e forte, homenageando-lhe a virtude que representava, ou seja, apelo à transformação do homem imerso no desassossego da incompreensão, da incerteza, no infeliz egoísmo, para acordá-lo e prepara-lo para a Luz que viria. Seria preciso que se fizesse "toda a justiça", assim assinala Mateus à palavra de Jesus. *Justiça* pois, à voz do que clama no deserto, endireitando, preparando o caminho do Senhor, segundo a palavra do profeta. E assim se fez. Exemplifica Jesus, também, sua identificação com aqueles irmãos fracos no caminho da experiência humana, os quais buscavam a João como uma vivida esperança! A eles igualando-se, o Mestre, na busca a João, ensina já pelo exemplo a real fraternidade entre todos os homens, do pária desprezado do mundo, até *Ele*, o Iniciado, o Ascensionado de tantas Idades!

A seguir, vai Jesus ao deserto e jejua e tem forme, depois de 40 dias. Sobrevém-lhe o desafio satânico, simbolicamente posto:

"Se és o Filho de Deus, manda que estas pedras se transformem em pães."

O desafio às forças da conservação e do instinto, para sobreporem-se ao Poder Espiritual do Ser Ascensionado! E o ensino imediato:

> Nem só de pão vive o homem, mas de toda palavra que vem da boca de Deus. (Mateus: IV – 2, 3, 4)

Esta a lição do ser liberto das contingências físicas, o qual, mesmo em corpo denso, sendo ele realizado do espírito, pode alimentar-se pela etérica energia lóguica, prânico-solar, expressão de força e vida existente no ambiente cósmico que nos contém e mantém ao sopro da Palavra do *Verbo Criador!*

E sobre o pináculo do templo da cidade santa, análogo luciférico desafio a que os anjos o sustentassem ao atirar-se de cima abaixo, pois estava escrito:

> E aos anjos dará ordens a teu respeito e eles te tomarão nos braços, para que nunca tropeces em alguma pedra". Mas eis que Jesus, dominando as contingências do mundo das emoções e das volúpias de poder e ostentação de inglórias virtudes, pouco se deu à importância de demonstrações dessa natureza, em que os "anjos O serviriam", tomando-Lhe nos braços.

Diz então:

> Também está escrito: Não tentarás o Senhor teu Deus. (Mateus: IV – 6, 7)

Tal a lição da justa vigência da Lei, e que Ele, o Grande Iniciado, conhecia, segundo a qual se entrosam, em harmonia perfeita, reciprocidades de *ações e reações*, de acordo com a própria natureza das forças e dos motivos de causalidade e efeito de toda ordem, impondo equilíbrio e dignidade à Vida! Atuações despropositadas sem méritos e fins justos, só poderiam desencadear forças e poderes desequilibrantes, fora de sintonia e da harmonia das coisas. Como esperar, então, a presença atuante, pronta e segura, de Anjos para tais e tão estranhas experiências da insinuação luciférica a Jesus no "pináculo do Templo" da cidade santa?!

E, ainda mais, sobre o monte bem alto, símbolo das supostas alturas a que o homem atinge na culminância das vaidades mundanas, o terceiro desafio satânico advindo das entranhas obscuras dos âmbitos do poder aparentemente triunfante, oferecendo falsas glórias: o curvar-se Jesus ao apelo do fascínio, daquele reinado de falsa luz e temporal poder, de que não puderam libertar-se supostos guardiães de Suas Palavras, através dos séculos.

Mais uma lição, então, em que ressalta o Mestre o verdadeiro sentido do Seu caminho e missão, em atendimento à Divina Lei que O trouxera ao seio da Humanidade. Sim, estava também escrito:

> Ao Senhor teu Deus adorarás e só a ele servirás. (Mateus: IV – 8,10)

Dessa forma, em definitivo, marca Jesus a sua posição missionária perante o mundo dos homens e dos anjos. As aparatosas e enganosas atrações, vivas e perigosas emoções e glórias do mundo, domina-as e afasta-as. E diz Mateus:

> Chegaram os anjos e O serviram. (Mateus: IV – 11).

Vemos, depois, logo ao princípio da sua peregrinação missionária, Jesus nas bodas em Canaã da Galiléia. Segundo descreve a história evangélica, faltando vinho, à solicitação de Sua mãe, transforma surpreendentemente a água ali posta:

> E estavam ali colocadas seis talhas de pedra para as purificações dos judeus... Disse-lhes: enchei d'água essas talhas. E encheram-nas até em cima. E disse-lhes: tirai agora e levai ao mestre-sala. E levaram. E logo que o mestre-sala provou a água feita vinho (não sabendo donde vinha, se bem que o sabiam os serventes), chamou o noivo e disse-lhe: todo homem põe primeiro o vinho bom..., mas tu guardaste, até agora, o vinho bom?...
> Jesus principiou, assim, os seus sinais em Canaã da Galiléia e manifestou a sua glória e os seus discípulos creram nele. (João: II – 3, 6, 7,8, 9, 10 e 11)

Esse episódio, revelando excepcional poder, marcou, como diz o evangelista, o princípio dos sinais. Hoje, porém, com justiça maior, é de enfatizar-se que esse começo marcou, em verdade e em definitivo, a tônica do *Fazer*, do *Exemplificar* não só a Palavra que viria, como o *Exercício do Poder* por um *Ser Maior*, pleno de cósmica sabedoria, uma ciência profunda e uma virtude de ação capazes de penetrar a infraestrutura da matéria e transformá-la. Uma antecipação de quase dois mil anos, em face do homem comum, do conhecimento que começa a ser oferecido pela Física Nuclear, em cujo campo se aprende já da possibilidade de transformação de elementos químicos bem limitada, é verdade, às contingências das energias ainda densas, manipuladas pela técnica científica humana. Jesus, porém, Sábio e Mestre, sabia muito bem quanto pode a energia da mente e do espírito, a serviço da elevada decisão de quem, à Sua altura, cumpre um Superior ou mesmo Divino Mandato. E decide, atua e opera essa aparentemente miraculosa transformação, fruto do Saber e do Seu já realizado Extraordinário Poder! E, mais à frente, no curso da missão, há passagem em que Ele afirma:

"Se tiverdes fé, fareis tudo o que eu faço e muito mais ainda", indicando, assim, ser o homem capaz de culminar, um dia, nessas alturas de poder. Naturalmente, depreende-se que a fé, a que se refere, não seria apenas a reverência balbuciante e de prosternação formal, em que só está presente a personalidade, "superfície" da criatura humana. Depreende-se, obviamente, que se referia à fé que se realiza na intimidade profunda, sutil, crística do ser, então plenificado de uma visão direta da realidade. Será, então, conduzida pela vibração divina que se manifesta em ação realizando *ATO* ou *ATOS*, como os que praticou Ele, os quais ainda hoje nos surpreendem e deixam perplexos, atônitos! Essa fé jamais seria privilégio de cientistas, de sábios puramente da mente, do racional, mas, sim, sempre accessível àqueles que vivem as sintonias do verdadeiro universal amor e do serviço ao ser humano!

E com quantos e quantos fenômenos extraordinários, lembrando o próprio milagre, hoje mesmo nos deparamos? Homens da eminência de um Charles Richet, emérito Professor da Sorbonne, de um Alexis Carrel, cientista que sempre foi de universal projeção, atestam os chamados milagres de Lourdes! Também, muitos e muitos outros da maior estatura científica, afirmam a realidade de transcendências metapsíquicas realmente incríveis que seriam "milagres", como dissemos, em termos supostos de possíveis exceções à Lei?!... Tais seriam as materializações e desmaterializações ostensivas de seres, flores ou objetos quaisquer, transportes desses seres ou objetos através de obstáculos opacos, densos, e toda uma imensa fenomenologia surpreendente, que se alastra pelo mundo no campo das curas supranormais! Não estará em tudo isso um vivo motivo atual para aquilatar-se, hoje, o poder exemplificado por Jesus, o Cristo, demonstrando influência decisiva sobre a matéria, como mostrou em Canaã?

Por vermos sob esse ângulo, atualmente científico, o ato de Jesus, transformando água em vinho, em que diminuímos a grandeza da magna figura do Excelso Mestre? Ele que ensina e enche de esperanças o coração humano, estimulando-nos à própria descoberta interna, para termos FÉ, com letras maiúsculas, realizando-nos ao longo do caminho?!...

Considerando o *Fazer* de Jesus, sem ainda dizer aqui das curas extraordinárias que operou, referiremos o capítulo 6 de S. Marcos, quando diz da multiplicação dos pães e dos peixes:

> E Jesus, saindo, viu uma grande multidão e teve compaixão deles: e começou a ensinar-lhes muitas coisas.
> E como o dia fosse já muito adiantado, os discípulos se aproximaram Dele e Lhe disseram:
> O lugar é deserto e o dia está já muito adiantado.
> Despede-os para que vão aos lugares e aldeias circunvizinhas e comprem pão para si, porque não têm o que comer. Ele, porém, respondendo-lhes disse: dai-lhes vós o que comer...
> E Ele disse-lhes: quantos pães tendes? Ide ver. E sabendo-o eles, disseram: cinco pães e dois peixes.
> E ordenou-lhes que fizessem assentar a todos em ranchos sobre a erva verde. E assentaram repartidos de cem em cem e cinquenta em cinquenta.
> E tomando Ele os cinco pães e os dois peixes, levantou os olhos para o céu, os abençoou e partiu os pães e deu-os aos seus discípulos para que os dispusessem diante deles. E repartiu os dois peixes por todos.
> E todos comeram e ficaram fartos. E levantaram doze cestos cheios de pedaços de pão e peixe.
> E os que comeram os pães eram quase cinco mil. (Marcos: 6 – 30...44)

E, ainda em S. Marcos, encontramos Jesus levitando, a andar sobre as águas:

> E logo obrigou seus discípulos a subir para o barco e passar adiante, para a outra banda, a Bethsaida, enquanto Ele despedia a multidão.
> E tendo-os despedido, foi ao monte orar.
> E, sobrevindo a tarde, estava o barco no meio do mar e Ele sozinho em terra.

> E vendo que se fatigavam ao remar, porque o vento lhes era contrário, perto da quarta vigília da noite, aproximou-se deles, andando sobre o mar e queria passar-lhes adiante.
> Mas, quando eles O viram andar sobre o mar, cuidaram que era um fantasma e deram grandes gritos.
> Porque todos O viram e perturbaram-se, mas logo falou com eles e disse-lhes: "Tende bom ânimo, Sou Eu, não temais". (Marcos: 6 – 45 a 51).

Hoje é possível ver tais acontecimentos, marcados nessas duas passagens, em termos de ciência, naturalmente de ciência avançada, aquela cuja pesquisa se desenvolve no campo da Metapsíquica, Psicobiofísica ou Parapsicologia. Tão extraordinários fenômenos, que maravilharam os discípulos, hoje mesmo maravilhariam os deste século, principalmente o homem de espírito científico dos dias que correm, o qual ficaria estarrecido ante tais "impossíveis"!... Todavia, conforme antes referimos, a pesquisa da fenomenologia metapsíquica, que surgiu no âmbito da investigação científica no último lustro do século passado, intensificou-se na 1ª metade do atual século XX, mudando apenas de nome para pesquisa parapsicológica, a partir da obra missionária do Prof. Joseph Banks Rhine, então na ambientação da Universidade de Duke, USA. Essa pesquisa dá ao homem atual uma vista nova da realidade, segundo a qual os "milagres" de Jesus poderão ser considerados, analisados e, até certo ponto, compreendidos ou, pelo menos, aceitos por se assemelharem a fenômenos da pesquisa atual. Ver-se-á que, sob esse novo ângulo, oferecido por um posicionamento científico avançado, considerando-se todo poder na mente ou no inconsciente humano, Jesus – O Filho do Homem – terá a Sua personalidade apreciada ao nível, podemos dizer, super-humano, desde que demonstrou tal poder tão acima do homem da época, daquele tempo e de todos os tempos, séculos afora, até nós deste pretencioso chamado século da luz. Seria um ser excepcional pela exuberância da demonstração de faculdades e capacidades, que a pesquisa mostra, latentes em nós, no homem atual. Sim, os fenômenos relatados por Marcos, segundo vimos, à luz da experiência metapsíquica, denotariam uma intensidade de *po-*

der superior, capaz de permitir a Jesus, em circunstâncias um tanto diferentes da conjuntura vivencial normal e, também, com extraordinária segurança, àquele tempo, antecipar-se ao que a ciência metapsíquica avançada já verificou e continua a pesquisar! Tais os fenômenos já referidos, quando dissemos de materializações, transportes etc. Restaria acrescentar, explicitamente, os fenômenos de levitação tão bem estudados por Albert de Rochas e tantos outros pesquisadores de nível científico avançado. A título de ilustração, entre os celebrados fatos de levitação obtidos em tais experiências, relembraremos a de Douglas Home, observado pelo famoso físico inglês William Crookes e as incontestes levitações de seres materializados, densos, como as de Esther Livermore, citadas com minúcias por Ernesto Bozzano, o grande fisiologista italiano, em seu livro "A propósito da Introdução à Metapsíquica Humana". Acrescentaremos as do Padre Zabeu Kauffmam, no nosso próprio país, o qual se deixou fotografar, em levitação, segundo documenta o livro, com o seu nome, da autoria de Carlos Inglez de Souza. Destaquem-se na Ciência, ainda, as pesquisas de levitação levada a termos por J. Crawford, professor de Física da Universidade de Dublin, no livro intitulado: "A Mecânica Psíquica". Convém igualmente ressaltar, na história religiosa, as levitações de Sta. Teresa d'Ávila e de S. Cupertino! Os fenômenos de levitação estão, pois, não distantes e fantasmagóricos, mas na observação, na experiência científica deste século! Apenas não assumem tão transcendental valia, intensidade e maior significado, quanto a ostensiva e extraordinária levitação de Jesus, plainando sobre as águas, enchendo de espanto os seus discípulos. E, também, a multiplicação dos pães e peixes, um fenômeno metapsíquico, parapsicológico ou psicobiofísico da terminologia atual, em altíssimo nível, implicando fenômenos de transportes ou materializações atualmente em estudo pela Ciência.

Além disso, credenciadas informações fazem referência a seres avançados, membros da Hierarquia da Grande Fraternidade Branca, cuja existência, já referimos e aceitamos, pelos motivos expostos em capítulo precedente deste trabalho, os quais já realizaram a capacidade de vencer a gravitação! Diz-

-se até que seres menos avançados, com exercícios próprios e persistentes, chegam a levitar-se em determinadas circunstâncias, depois de persistentes exercícios. Há, até, depoimentos de viagens em que se diz sobre a existência, no Tibé, Nepal, de mosteiros de Monges Voadores, os quais se deslocam com incrível leveza, transpondo obstáculos incríveis, alçando-se facilmente a alturas surpreendentes, sendo capazes de observar os viajantes do topo das árvores e de passar de uma a outra em saltos voos inacreditáveis para nós, do Ocidente!...

Apesar de surpresos e céticos, poderemos perguntar-nos: porque seria impossível vencer a gravidade, uma vez que, pouco a pouco, se está provando e reconhecendo, na própria constituição humana, uma infraestrutura bio-plasmática na qual se desenvolvem energias bio-magnético-elétricas subjacentes e irradiantes que, admitamos, um dia, disciplináveis e, assim, podendo ser dirigidas para se contraporem à ação gravitacional?!... Jesus, Ser de Impar Elevação Espiritual, teria alcançado os poderes patentes nos fenômenos extraordinários que celebramos como milagrosos, os quais exercia com naturalidade, quando oportuno, em face do objetivo, da finalidade maior de Sua missão!

De modo análogo, poder-se-ia dizer, evidentemente, sobre a multiplicação dos pães e dos peixes, os quais, por seu inaudito poder realizado, além do tempo e do espaço (eis a metapsíquica, a parapsicologia atual), poderia colher em qualquer parte e para ali transportar, subitamente, ou, então, ali mesmo plasmá-los e materializá-los! A fenomenologia parapsicológica não é muito rica dessas demonstrações. Sabe-se, todavia, que o grande escritor inglês Conan Doyle, chegou a constituir um museu de objetos estranhos transportados ao nível da transcendental condição de liberação de espaço tempo! Nós próprios, em nosso 1° trabalho – *Além da Parapsicologia* – apresentamos e documentamos fenômenos dessa natureza, demonstrativos de um poder maior, evidentemente maior que o nosso, humanos comuns, como, por exemplo, o de transportes para o interior de ambientes fechados e supercontrolados de grande número de flores, quase sempre cravos ou rosas. Além de buquês, às vezes, pétalas e mais pétalas atapetavam o piso da sala, tal a quantidade! Se ali tivéssemos, antes, algumas pétalas, poderíamos dizer que se haveriam "miraculosamente" multiplicado! Na verdade, Jesus, Ser Excelso, antecipando-se de quase dois mil anos a tudo isso, na linha da própria missão, demonstrou esses fenômenos com intensidade sem igual, à altura da divina hierarquia de Poder já por Ele alcançado em evoluções pretéritas! Precisava assim fazer para os do Seu tempo e para nós, do momento atual, de pretensioso saber, como um chamamento, agora oportunamente dirigido aos nossos sábios, à *Humildade Perante a Realidade Maior!*... Já no correr dos dias em que vivemos, estão eles, os cientistas, começando a levantar a ponta do véu que nos fará viver uma realidade mais rica do que a que supunham ou supõem, mais plena de subidos valores de toda ordem: desde o que é denso, material, que se sutiliza à vista das experiências e das técnicas científicas, até o que realmente É o *Homem em Si*, na dignidade de *Herdeiro do Ser Lóguico-Solar*, que lhe traçou o verdadeiro destino! Sim, verá o homem, afinal, o verdadeiro caminho do existir, com dores, sofrimentos, alegrias, como também, culminâncias de realizações de espírito, expandindo progressivamente, já então em dimensões superiores, a própria consciência e as capacidades de *amar*, *saber*, e *poder* em sentido de amplíssimo desenvolvimento.

E, ainda, sobre o Poder realizado por Jesus, que acontecimentos mais extraordinários que os revelados pelo poder de curar! Presente, ou à distância, o enfermo, tomado de sofrimentos psíquicos ou materiais, "doenças" digamos do "espírito" ou do corpo físico?!...

Que ser da nossa humanidade, no caminho da história, desde as mais remotas idades, já porventura O igualou?! Ainda aqui O vemos solícito, oportuno e plenificado de capacidade sem par para impor, no meio do povo, representando a humanidade de então e do futuro – até nossos dias – o *selo de sua marca divina* e *ao mesmo tempo humana* – Filho do Homem, (em consequência, um homem), conforme Ele mesmo se denominou várias vezes.

Dessa forma é que, um dia, perlustrados os caminhos da necessidade, o próprio homem, o de ontem, de hoje e de amanhã, haveria de realizar, depois de imensas lutas evolutivas, aquela esperança que ofereceu ao dizer:

> Sede perfeitos como vosso Pai Celestial é perfeito.
> (Mateus: 5 – 48)

Assim é que, após ciclos de sucessivas evoluções, há que realizar o Cristo Interno Místico do Coração, perfazendo o arquétipo, o divino paradigma, à forma exemplificada, em termos de espírito, por Jesus de Nazaré! Este o verdadeiro sentido da salvação do homem, da humanidade como um todo e Não, Absolutamente Não, o sentido pequeno, até mesquinho e egoístico de ***salvação individual*** de "almas perdidas estranhamente" pelos caminhos do mundo. Um Deus Interrogativo, Incoerente, Exigente, contudo "Fraco" ante Lúcifer, que O iria vencendo de permeio com a miséria humana, teria posto o homem no mundo para, na grande maioria, perder-se em sofrimentos sem fim!...

É óbvio que essa nova perspectiva em que se coloca o espírito humano, enriquece largamente as suas esperanças e justifica as lutas do viver, agora tocado de novos impulsos, adequados estímulos em busca de verdadeira realização do seu cósmico destino. Só assim será possível compreender a "Salvação" tão proclamada pelas religiões, em termos, porém, pequenos, tristes, limitados.

Capítulo VI
Jesus e os milagres da cura

> Jesus descendo do monte, seguia-O uma grande multidão. E eis que veio um leproso e O adorou dizendo: "Senhor, se quiseres, podes me tornar limpo". E Jesus, estendendo a mão, o tocou:
> Quero: sê limpo, e logo ficou purificado da lepra!...
> (Mateus 8:1) (Marcos 1:40) (Lucas 5:12).

Na linha de demonstração do imenso poder de Jesus no âmbito do físico, o incidente que acabamos de citar e, principalmente, o que a seguir relembraremos, em termos das descrições evangélicas devidas a S. Marcos e S. Mateus, são extraordinariamente marcantes, particularmente porque encerram implicações de caráter filosófico de *nítido ensino* esotérico que jamais vimos enfatizado, isto é, o Poder de um Ascensionado Ser dar-se conta da justiça, da plena oportunidade de cura, em decorrência de um ato de fé!...

> E, alguns dias depois, entrou outra vez em Cafarnaum e souberam que estava em casa. E logo se ajuntaram tantos que nem ainda nos lugares junto à porta cabiam; e anunciava-lhes a palavra. E vieram ter com Ele, conduzindo um paralítico, trazido por quatro. E não podendo aproximar-se d'Ele, por causa da multidão, descobriram o telhado onde estava e, fazendo um buraco, baixaram o leito em que jazia o paralítico. E Jesus, vendo a fé deles, disse ao paralítico: "Filho, perdoados estão os teus pecados". Estavam ali alguns escribas que arrazoavam em seus corações, dizendo: Por que diz Ele assim blasfêmias?... Quem poderá per-

doar senão Deus?

E disse Jesus:

Qual é mais fácil? Dizer ao paralítico: estão perdoados os teus pecados ou dizer-lhe:

Levanta-te, toma o teu leito e anda? Ora, para que saibam que o Filho do Homem tem poder para perdoar pecados, fala ao paralítico: 'A ti digo: levanta, toma o teu leito e vai para tua casa', e levantou-se e tomando logo o leito saiu em presença de todos, de sorte que todos se admiraram e glorificaram a Deus, dizendo: nunca vimos nada igual. (Marcos 2:1 a 12) (Mateus 9:1 a 8).

Na linha em que nos vimos colocando, esta passagem se insere prontamente no que já dissemos sobre o poder de Jesus, em termos do profundo conhecimento e domínio das energias sutis que, só de pouco tempo para cá, começaram a revelar-se ostensivamente ao mundo atual, sobretudo no que respeita ao poder da mente, quer sobre a matéria aparentemente inanimada, quer sobre organismos vivos, configurando a área da Parapsicologia ou Psicobiofísica, como muitos pesquisadores já preferem denominar esse fascinante campo de investigação.

Veremos, ainda ao correr do presente estudo, algumas referências a tão inaudito poder revelado por Jesus, agora operante à distância.

No momento, todavia, cumpre analisar a passagem que acabamos de citar, salientando outro tipo de poder exercido, em cujo acontecimento ressaltam conotações bem diferentes, tocando incisivamente os campos da filosofia e da religião, do ensino genuinamente espiritual! Queremos referir à existência pretérita do "pecado", que Jesus, com a vibração do poder de Sua palavra, perdoou.

É que, numa visão mais ampla, racional e de digna reverência ao Poder Criador, sofrimento, enfermidade e dor, havemos de admitir decorrerem da infringência da Lei, que traça com segurança e, ao mesmo tempo, paradoxal e inexorável poder e flexibilidade, o caminho da experiência evolutiva humana, visando ao destino da criatura no âmbito infinito da Divina Manifestação!... Infringida a Lei, pelo princípio da reciprocidade de ações, sofre o homem o *retorno* e, às vezes, há que amargurar-se em difíceis experiências: eis o "pecado" ou "os pecados", eis as consequências – enfermidades, dores físicas e morais ao longo do existir.

A plenitude da Lei da Reciprocidade de Ações, a Lei da Causa e Efeito ou a Lei do Karma – na expressão esotérica – acha-se até poeticamente expressa de forma bem alta, sutil, porém muito clara, quando o próprio Jesus diz:

> Porque estais aflitos sobre o que haveis de vestir, comer ou beber? Vede os lírios do campo! Eles não tecem, nem fiam. Entretanto, nem Salomão, no esplendor da sua glória, se vestiu como um deles: Por isso, não fiqueis preocupados: procurai, antes de tudo, o reino de Deus e sua Justiça e tudo o mais se vos será acrescentado!... (Lucas 12: 29 a 39).

Assim, segundo a sua Palavra, o cumprimento da Lei de Justiça, tônica do caminho que conduz à glória do reino de Deus, condiciona todo *bem* a que possa aspirar o homem, não só no que respeita à contingência material de vida (fala em vestir, comer e beber...), como tudo mais que possa acrescentar-se em termos seguramente de amor, de busca de conhecimentos e, até, de relativo poder, aspirações essas naturais, justas e necessárias da alma humana.

A reação da Lei, porém, o sofrimento, a dor, a enfermidade, consequentes ao exercício da justiça pela própria Lei, tudo se limita em correspondência com a natureza do erro, da ação contrária de iniciativa humana! Eis que Jesus, com pleno domínio no âmbito da verdadeira sabedoria, em inegável clarividência, que permite ver, inferir e concluir em níveis superiores, se dá conta de que aquele paralítico ressarcira seu débito, culminando em mérito naquele *ato de fé*, ajudado pelos amigos, ao arriscar-se pelo telhado e prostrando-se, humilde, como em reconhecimento interno da Lei da qual nem consciente era! Mas, mesmo assim, ali presente, tornara-se límpido perante a Lei, pois já não tinha "pecados" ou "débitos" a "pagar"! Procurava, como um filho pródigo afastado do lar (da Lei), de volta ao próprio âmbito do "Reino de Deus", pela fé em Jesus, e "tudo mais se lhe foi acrescentado": a *saúde, o equilíbrio orgânico*, de que necessitava e tanto desejava para ser feliz. Sem "*débito*", não *continuaria em sofrimento* e *Jesus o curou*, Senhor dos Arcanos Profundos da Divina Lei que, como dissemos, traça, com justiça, *paradoxalmente inexorável* e *flexível*, o destino humano!

> E, entrando Jesus em Cafarnaum, a ele se dirigiu um centurião, rogando-lhe:
> "Senhor, o meu criado jaz em casa paralítico e violentamente atormentado". E Jesus lhe disse:
> "Eu irei e lhe darei saúde."
> E o centurião, respondendo, disse:
> "Senhor, não sou digno de que entres debaixo do meu telhado, mas dize somente uma palavra e meu criado sarará. – Pois eu sou homem sob autoridade e tenho soldados às minhas ordens e digo a um, vai e ele vai; e a outro: vem e ele vem; e ao meu criado: faze isto e ele faz".
> E maravilhou-se Jesus ouvindo isto e disse aos que o seguiam:
> "Em verdade vos digo que nem mesmo em Israel encontrei tanta fé". Então, disse Jesus ao centurião: "Vai e como creste, será feito". E naquela mesma hora, o seu criado sarou." (Mateus 8: 5 a 12 e Lucas 7: 1 a 10).

Aqui Jesus, conforme acentuamos, antecipou ao que, um dia, aprenderia o homem através da própria experiência em busca do conhecimento científico. Haveria que aprender, verificando em seus próprios laboratórios e, no momento preciso, em experiências conduzidas em ambientes distantes, sob controles rigorosos, a possibilidade, ou melhor, a realidade da ação à distância da mente ou do espírito, produzindo os mais diferentes efeitos. Na verdade, a experiência parapsicológica no Ocidente e, até mais intensamente, talvez, no mundo soviético, vem se extremando quanto a ação da mente à distância, configurando o fenômeno telepático e, também, de outros tipos mais densos como, por exemplo, produzir subitamente bloqueios mentais, conducentes a desmaios e transes e, ainda, efeitos objetivos observáveis e controláveis sobre a matéria física!... Então, concluímos que, em Jesus, esse poder fluía naturalmente, forte e decisivo, visando a um fim, nos casos em referência à cura do paralítico e à do criado do centurião.

Este último fenômeno é de nível altíssimo, como precedentemente apontamos, pois inegavelmente realçado pela independência do espaço e do tempo, isto é, realizado súbita e inesperadamente à distância. Seria esse acontecimento, envolvendo o criado do centurião, uma prova objetiva, àquele tempo, do que a Parapsicologia atual afirma, como a liberação do espaço? O fenômeno atinge o nível hiperfísico ou transcendental, se o procurarmos referir ou analisar à luz da Física Tridimensional, ou melhor, Tetradimensional dos nossos dias. Aí, nesse âmbito, ele não se explica! Não se explicam também tantos outros da mesma ou análoga natureza!

Em verdade, na cura do criado do centurião, como nos anteriores do leproso e do paralítico que desce do telhado, houve um manifesto ato de fé, sumamente valorizado por Jesus, criando nos planos sutis, condicionamentos novos de ordem diferente, proporcionando a decisão do Mestre de curar. Tudo se passaria como se ocorresse, no ato de fé, um reajustamento que a Lei do Karma, de Justiça Imanente, justificaria, como um reequilíbrio em termos de resgate. Incluir-se-iam, então, os méritos e deméritos, assunto sobre os quais escreveremos mais à frente. No caso, por exemplo, do centurião e seu criado, duas criaturas humanas haveriam colhido da Divina Lei: ao centurião teria sido dado como prêmio de alegria e pela fé demonstrada, por seu mérito subjacente, fazendo-o digno do atendimento que recebeu e, ao criado, também, pelo mérito, expressando-se, na cura, certamente em face de um resgate conseguido de falta ou faltas pretéritas. Poder-se-á pensar, nesse caso e também nos outros assinalados, em cura pela *Graça* (afirmação tão cara às ortodoxias religiosas), esta esotericamente compreendida como antecipação de resgate oferecido pela Divina Lei. Permaneceria, então, com a criatura, a responsabilidade por havê-la recebido.

> E passando Jesus, viu um homem cego de nascença. E os seus discípulos lhe perguntaram, dizendo:
> "Rabbi, quem pecou, este ou seus pais, para que nascesse cego?"
> "Nem ele pecou, nem seus pais, mas foi para que se manifestem nele as obras de Deus. Convém que eu

faça as obras d'Aquele que me enviou, enquanto é dia: a noite vem, quando ninguém pode trabalhar. Enquanto estou no mundo, sou a luz do mundo."
Tendo dito isso, cuspiu na terra e com a saliva fez lodo e untou os olhos do cego. E disse-lhe:
"Vai, lava-te no tanque de Siloé."
Foi, pois, e lavou-se e voltou vendo. Então, os vizinhos e aqueles que, dantes, tinham visto que era cego, diziam: "Não é este que estava assentado e mendigando?" (João 9: 1 a 8)

E ainda sobre este tipo de cura, ressalta a descrição que se encontra em Mateus, quando este se refere à recuperação de dois cegos e um mudo.

E Jesus chegou à casa, os cegos se aproximaram dele e Jesus disse-lhes:
"Credes vós que eu possa fazer isso?"
Disseram-Lhe eles: "Sim, Senhor."
Tocou, então os olhos deles dizendo:
"Seja feito segundo a vossa Fé." E os olhos se abriram.
Então, havendo-se retirado, trouxeram-lhe um homem mudo endemoniado. Ele expulsou o demônio, o mudo falou e a multidão se maravilhou, dizendo:
"Nunca se viu tal coisa em Israel." Mas diziam os fariseus: "Ele expulsa os demônios pelo Príncipe dos Demônios." (Mateus 9: 1 a 8)

Aqui, então, pensamos que, até pouco tempo atrás, era próprio da ortodoxia católica – haja vista livros de autoridades religiosas, entre os quais citamos o Pe. Lacroix (*Espiritismo à Luz da Razão*) e F M Palmés, (*Metapsíquica e Espiritismo*) – afirmar o caráter demoníaco da ação espiritual nos ambientes espiritas, envolvendo naturalmente o ensino e até algumas extraordinárias curas, em que se invoca sempre a Presença de Jesus.

Por nosso próprio intermédio, ocorrendo extraordinária reversão de um processo traumático, o paciente, já em coma por mais de 20 dias, e isso invocando o nome do Senhor Cristo, houve pessoa ligada ao enfermo que, ao saber, atribuindo naturalmente o sucesso ao "Demônio", enfaticamente declarou:

"Queria que meu irmão se salvasse, mas não assim".

Parece, então, que dos idos da Palestina até hoje, sob certos aspectos, para muitos, o caminho percorrido é ainda muito pequeno.

Vemos, então, à luz dos marcantes acontecimentos da vida de Jesus, mais esse poder antes jamais demonstrado, qual a mobilização de energias então desconhecidas e, ainda, até hoje, capazes de restabelecerem funções extintas. Aí se inclui, no âmbito da anatomia, a forma ostensiva do próprio órgão, como no cego de nascença, com a estrutura dos olhos jamais operante. Como restabelecer-lhes o fluxo das energias internas de vida, capacitando-os ao exercício da visão? E, nessa passagem de Mateus, também a mudez e o desequilíbrio psíquico decorrente do suposto demônio?

Veremos, ainda, a magia do poder no restabelecimento de uma mão mirrada, naturalmente flácida, decadente, ressequida, sem qualquer condição de vida! E, a seguir, também, a passagem dos endemoniados gadarenos, como diz São Lucas. Citaremos, ainda, alguns outros casos, para adiante tratarmos todos esses eventos maravilhosos, ditos miraculosos, em termos de uma ampla teoria da cura supranormal, para a qual reservaremos capítulos especiais deste livro. Apresentaremos as bases para uma teoria científica das curas "milagrosas" realizadas por Jesus. Mostraremos Jesus como um supercientista, perfeito paradigma do sábio do futuro, a realizar-se no homem de amanhã, com um poder ainda inacessível ao homem de hoje, decorrente do emprego superconsciente do Poder Mental e, mais que isso, de um poder maior – Supra mental – expressão da Energia Espiritual, na qual repousa o segredo solar da própria vida planetária.

Capítulo VII
Jesus e os milagres da cura transcendental

Na linha que nos propomos seguir, considerando Jesus como o "Filho do Homem" e, por isso mesmo, de verdade, um HOMEM, realizado, todavia, de evoluções pretéritas, ainda deveremos acrescentar outras tônicas do Seu manifesto e até hoje inigualado poder de curar.

De início, como precedentemente anunciamos, ressaltaremos o caso em que tecidos e articulações, nervos e forma, tudo subitamente se refaz em plena normalidade, como se uma verdadeira magia divina houvesse operado.

Eis:

> E aconteceu também noutro sábado que entrou na Sinagoga e estava ensinando e havia ali um homem que tinha a mão direita mirrada. E os escribas e fariseus atentavam nele; se o curaria no sábado, para acharem de que o acusar. Mas ele bem conhecia os seus pensamentos e disse, então, ao homem que tinha a mão mirrada:
> Levanta-te e fica de pé no meio. E levantando-se ele, ficou em pé.
> Então Jesus lhe disse:
> "Uma coisa vos hei de perguntar: é lícito, no sábado, fazer bem? Ou fazer mal? Salvar a vida ou matar?"
> E olhando para todos em redor, disse ao homem:
> "Estende tua mão." E ele assim o fez e a mão lhe foi restituída como a outra."(Lucas 6: 6...10; Mateus 12: 9...14; Marcos 3: 2...5)

É bem evidente que, até hoje, a Ciência humana ainda

não produziu uma técnica de procedimento capaz de restabelecer, em plenitude de forma e função, qualquer órgão, no caso, a mão MIRRADA, aleijada, com músculos e tecidos flácidos e abatidos, havendo sofrido um processo de decadência biológica, com prejuízo ostensivo do alimento celular necessário ao destino funcional de cada elemento: células, tecidos quaisquer, fibras nervosas etc... Isso, fez Jesus, subitamente, com um simples gesto e ordem ao enfermo, deixando perplexos os circunstantes! Surpresos por ignorância? Sim e Não! Pois, hoje, com toda a ciência humana e o inegável saber das elites intelectuais, acontecimentos dessa ordem espantariam muito mais!

Não se trata de restabelecimento funcional, com ainda condições materiais, orgânicas em que recuperações notáveis, hoje, já se operam, mas de PLENA NORMALIDADE da mão restituída sã como a outra, em fração de segundo, conforme afirmam os evangelistas! Aponta-se, então, "o milagre", derrogação momentânea da Lei pela ação de Deus?!

Diremos: o exercício da própria Lei, em nível maior, não ainda do conhecimento humano, sua aplicação justa no exato momento da operação *mental-espiritual* por parte de um HOMEM VERDADEIRO, O FILHO DO HOMEM, do poético dizer evangélico, traduzindo a própria definição de Jesus quanto a si próprio...

Prosseguindo no que, pouco a pouco, vamos referindo sobre as curas de Jesus, como ver ou entender a realidade da passagem apontada por Lucas e Mateus, respectivamente nos capítulos 5 e 8? A cura súbita de um leproso?

> E aconteceu que, quando estava em uma daquelas cidades, eis que um homem cheio de lepra, vendo Jesus, prostrou-se sobre o rosto e rogou-lhe, dizendo:
> "Senhor, se quiseres, bem podes limpar-me." E Ele estendendo, a mão, tocou-lhe, dizendo:
> "Quero. Sê limpo".
> E logo a lepra desapareceu do homem...
> "Mas vai e mostra-te ao sacerdote e oferece pela tua purificação o que Moisés determinou, para que lhes sirva de testemunho." (Lucas 5: 12...14; Mateus 8: 1...4)

Eis, agora, a seguir, um outro exemplo de exercício de poder, em caso de natureza diferente, a cura de um acentuado desequilíbrio psíquico que, hoje, justificaria segurança em hospitais psiquiátricos, manicômios ou instituições congêneres, caso possivelmente sem cura, dada a natureza dos fenômenos ostensivos em tela, presentes no enfermo desde muito tempo. Vejamos:

> E navegaram para a terra dos gadarenos, que está defronte da Galiléia. E, quando desceu para a terra, saiu-lhe ao encontro, vindo da cidade, um homem que, desde muito tempo, estava possesso de demônios e não andava vestido, nem habitava em qualquer casa, mas nos sepulcros.
> E quando viu Jesus, prostrou-se diante dele, exclamando e dizendo com grande voz:
> "Que tenho eu contigo Jesus, Filho do Deus Altíssimo? Peço-Te que não me atormentes!". Porque tinha Ele ordenado aos espíritos imundos que saíssem daquele homem, pois já havia muito tempo o arrebatavam, a ponto que era mantido preso com grilhões e cadeias, mas quebrando as prisões, era impelido pelo demônio para os desertos.
> E perguntou-lhe Jesus:
> "Qual é o teu nome?"
> E ele disse:
> "Legião, porque tinham entrado nele muitos demônios.
> E rogaram-lhe que os não mandassem para o abismo...
> E tendo saído do homem, os demônios entraram nos porcos e a manada precipitou-se de um despenhadeiro no lago e afogou-se. E aqueles que os guardavam fugiram e foram anunciar na cidade e nos campos.
> E saíram a ver o que tinha acontecido e vieram ter com Jesus. Acharam, então, o homem, de quem tinham saído os demônios, vestido e em juízo, assentado aos pés de Jesus: e temeram.
> E toda multidão da terra dos gadarenos, ao redor, lhe rogou que se retirasse deles o grande temor com que estavam possuídos. E, entrando ele no barco, voltou.
> (Lucas 8: 26...37; Mateus 8: 28...34; Marcos 5: 1...18)

Nesse episódio, vemos a culminância de um poder insuspeitado na atualidade, em termos de ciência ou de técnica de cura. Mobilizaram-se energias de tal nível, conhecimentos de tal natureza e apresentam-se implicações tão sutis, que apontam para uma realidade espiritual tão ainda fora da preocupação científica atual, que dificilmente poderá ser tratado em termos limitados à ciência do momento. Todavia, prometemos chegar bem mais à frente nesse sentido, isto é, sugerir e defender um modelo em que caiba uma teoria, ou um enfoque do âmbito teosófico, científico, possuindo possibilidades interpretativas de explicação transcendental de variada natureza, da qual trataremos nos já anunciados capítulos sob a epígrafe: *Teoria Geral da Cura Supranormal, Paramédica.*

Ainda na linha das referências e apreciações das curas de Jesus, vejamos outros episódios de natureza diferente dos apresentados até aqui:

> E eis que chegou um varão de nome Jairo que era principal da Sinagoga e prostrando-se aos pés de Jesus, rogava que entrasse em sua casa, porque tinha uma filha única, quase de doze anos, que estava à morte.
> Estando ele ainda falando, chegou um outro dos principais da Sinagoga, dizendo:
> "A tua filha está morta, não incomodes o Mestre."
> Jesus, porém, ouvindo-o, respondeu: "Não temas, crê somente, e será salva."
> E entrando em casa, a ninguém deixou entrar se não Pedro, Tiago, João e o pai e a mãe da menina. E todos choravam e pranteavam e Ele disse:
> "Não choreis; não está morta, mas dorme". E riam-se d'Ele sabendo que estava morta. Mas Ele, pegando-lhe a mão, clamou dizendo:
> "Levanta-te menina" – E o seu espírito voltou e ela logo se levantou. Jesus mandou que lhe dessem de comer. (Lucas 8: 40...55; Mateus 5: 22, 35, 42)

E Marcos, no capítulo 5: 41, diz:

> E tomando a mão da menina, disse-lhe *Talitha cumi*, que traduzindo é: Menina a ti digo, levanta-te. E logo a menina levantou e andava, pois já tinha doze anos; e assombraram-se com grande espanto.

Aliás, nos capítulos em referência retro citados, bem assim outros que versam sobre curas análogas que se encontram na narrativa evangélica, a cura se dá sem ato consciente, ostensivo. É o caso da mulher que sofria de um fluxo de sangue, havia doze anos, e gastara com os médicos todos os seus haveres e por nenhum pudera ser curada, está escrito:

> Chegando por trás d'Ele, tocou na orla de sua túnica e logo estancou o fluxo do seu sangue. E disse Jesus:
> "Quem é que me tocou?"
> "Alguém me tocou, porque bem conheci que de mim saiu virtude!"
> E Ele disse:
> "Tem bom ânimo, filha, a tua fé te salvou. Vai em Paz."
> (Lucas 8: 45, 46)

Este caso, como dissemos, dos muitos com a característica que apontamos, isto é, de ação não direta e consciente de Jesus, tratá-lo-emos ainda no capítulo já anunciado sobre a *Teoria das Curas Supranormais*, curas paramédicas, transcendentais, não enquadradas pelos cânones científicos atuais. Veremos que poderão elas receber uma luz maior de compreensão, se não nos conformarmos, demasiadamente pacíficos perante os modelos científicos consagrados, e procurarmos âmbitos mais abertos da própria pesquisa científica atual, avançarmos e considerarmos instruções que nos chegam de "Fonte Maior." Criar-se-ão novos modelos que, mesmo que sejam transitórios, serão capazes de, agora, nos colocarem melhor, em condições de compreender certas alturas em face de tal perspectiva de horizontes novos. Na verdade, é, ou será, uma vista em que a suposta realidade atual se amplia, abrindo-se aos com capacidade de entender melhor, situando-os na conjuntura dos extraordinários fenômenos que, hoje, se observam e, até, fazê-los pressentir segredos do palpitar da vida universal, em sintonia com infinitos de toda ordem, rumo aos quais há que expandir-se a consciência humana!

Estamos seguros de que essa visão perspectiva oferecida pelas duas fontes que acabamos de indicar, *Ciência Avançada e Instrução de Fonte Maior*, fará com que a compreensão humana vá, pouco a pouco, se distendendo e possa atingir, com maior profundidade – e até eufórica alegria – a REALIDADE UNIVERSAL, cuja essência sempre escapará ao espírito humano em marcha. Ela sempre será, porém, por ele necessariamente buscada, mesmo que caminhando segundo uma linha sinuosa, em espiral, ou reta assintótica, àquela essencialidade que tem fugido a todas as filosofias humanas! Talvez, no infinito relativo que podemos pressentir em que aquela linha reta ou sinuosa principia a tocar a essência das coisas manifestadas, aí, sim, o homem se encontre verdadeiramente a si mesmo, vivendo e exemplificando a plenitude daquele Cristo Místico, o Cristo Interno do próprio coração, sobre que tanto falamos na 1ª parte deste trabalho. Capacitar-se-á, então, para aspirar a novos destinos, talvez a uma evolução lóguica divina, que se abra aos seus próprios e cósmicos passos!...

Ao final das narrativas de curas milagrosas, que selecionamos, encontramo-nos com, certamente, a mais inacreditável, pelas circunstâncias e por sua natureza. Jesus havia-se afeiçoado a Maria, Marta e Lázaro, três irmãos, sendo a primeira aquela "que tinha ungido ao Senhor com unguento e lhe tinha enxugado os pés com os seus cabelos". (João 11: 2).

Avisado da enfermidade de Lázaro na Betânia, limitou-se a dizer:

> Esta enfermidade não é para morte, mas para a glória de Deus; para que o Filho de Deus seja por ela glorificado. (João 11: 4).

E, apesar do aviso e do relacionamento e vivo amor que dedicava àqueles irmãos, ao invés da Betânia, buscou a Judéia, não obstante as advertências de seus discípulos! Poucos dias depois, decidiu ir à Betânia e disse:

> Lázaro, nosso amigo, dorme, mas vou despertá-lo do sono".
> Então Jesus disse-lhes claramente:
> "Lázaro está morto. E folgo por amor de vós de que eu lá não estivesse, para que acrediteis; mas vamos ter com ele." (João 11: 11...15)

Aproximando-se, Marta vai ao encontro, dizendo-lhe:

> "Senhor, se estivesses aqui, meu irmão não teria morrido. Mas também agora sei que tudo o que pedires a

> Deus ele Te concederá."
> Disse-lhe Jesus:
> "O teu irmão há de ressuscitar." (João 11: 23)

E Marta vai ter com Maria e a chama em nome de Jesus e ela, rápido, foi ter com Ele. Então, aqueles que com ela estavam, acompanharam, supondo que fosse ao sepulcro chorar. Junto a Jesus, exclama, então, Maria.

> "Senhor, se Tu estivesses aqui, meu irmão não teria morrido!".
> E disse Jesus: "Onde o pusestes?" Disseram: "Senhor, vem e vê".
> Jesus chorou. (João 11: 35)
> Disseram:
> "Vede como o amava. E alguns disseram: Não podia Ele, que abriu os olhos do cego, fazer também que este não morresse? Jesus, pois, movendo-se outra vez muito em si mesmo, veio ao sepulcro; e era uma caverna e tinha uma pedra sobre ela."
> Disse Jesus:
> "Tirai essa pedra. Marta, irmã do defunto, disse-lhe: Senhor, já cheira mal, porque já fazem quatro dias."
> Disse-lhes Jesus:
> "Não hei dito que, se creres, verás a glória de Deus? Tiraram a pedra." E Jesus, levantando os olhos para o céu, disse:
> "Pai, graças te dou por me haveres ouvido."
> E tendo dito isso, clamou em voz alta:
> "Lázaro, sai para fora."
> E o defunto saiu, tendo as mãos e os pés ligados por faixas e o seu corpo envolto em lençol.
> Disse Jesus:
> "Desligai-o e deixai-o ir." (João 11: 36...46)

E assim se fez: Lázaro ressuscitou.

Ora, até aqui, vimos prometendo uma teoria das curas miraculosas de Jesus, ou melhor, uma teoria geral das curas supranormais – paramédicas!... Como aventurar-nos a considerar as de ressurreição, à luz das informações evangélicas aceitas, como as que se referem à filha de Jairo, principal da Sinagoga, à de Lázaro, irmão de Maria e Marta de Betânia e a do filho da viúva de Naim? Admitindo-as verdadeiras, sem demasiada crendice religiosa, ou, então, sem aceitar os "impossíveis" do excesso posto de um denso posicionamento científico em termos atuais, como – repetimos – aventurar-nos a tentar pôr esses casos no âmbito de uma teoria científica?

Para atenuar a tônica de absurdo dessa – à primeira vista – inaceitável pretensão, devemos arguir a revolução científica que está a operar-se no mundo, a qual faz investigar, com objetividade, o corpo bioplasmático, invisível, dos seres vivos e, particularmente, o do homem! Esse corpo seria, será ou é o fulcro de atração da energética prano-solar, ou melhor, etérico-solar, condicionante do *status* da vida física – na tri ou tetra-dimensão consciencial em que nos encontramos! Mais que isso, a investigação parapsicológica já envereda, com solenidade, por múltiplos caminhos, para a pesquisa da sobrevivência objetiva em veículo ou veículos de outro ou outros níveis. Então, será anticientífico pensar na natureza da matéria ou da substância que perfaz o *substratum* desses veículos que, certamente, terão função também condicionante do nosso viver aparente planetário?!

A investigação do fenômeno da morte, a sobrevivência de algo após ela, está em andamento nos países mais avançados, nos Estados Unidos e na Rússia, como também na Inglaterra, França, Itália e entre nós. Seguros estamos de que, na justa e rica perspectiva de uma ciência do futuro que, no momento, podemos já entrever, será possível criar-se um modelo de interpretação para as curas miraculosas. Isso porque as investigações da ciência avançada, bem assim as observações e experiências diretas, em níveis mais sutis, usando faculdades parapsicológicas superiores, não são nem jamais serão vedadas a quem quer que para elas queira preparar-se. Estão aí, esperando os méritos da dedicação e dos relativos sacrifícios necessários ou renúncias de parte do homem progressista e curioso, bom e forte, cheio de energia, de fé e dúvidas inteligentes, para buscar a Verdade. Julgamos que assim poderá acordar, despertar para a VISÃO MAIOR DA PRÓPRIA VIDA E DO UNIVERSO em que existe e dar passos gigantescos nos caminhos do espírito!

Encerraremos este capítulo, invocando passagens evangélicas que dizem de sentenças e afirmações do próprio Jesus, contendo ensinamentos profundos e nos conferindo acendradas esperanças na via que apontamos:

> Se tiverdes fé, fareis tudo o que faço e muito mais. (João 14: 12).
> Sede perfeitos como vosso Pai Celestial é perfeito. (Mateus 5: 48).
> Não está escrito em vossa Lei: "Vós sois Deuses?". (João 10: 34).
> Dai de graça o que de graça receberdes. (Mateus 10: 8).

Enfatizamos o que dissemos: *ensinamentos, mandamentos e esperanças.*

Dentro, pois, da esperança e da sintonia, em que nos sentimos tomados de uma inteligência nova, em face dos extraordinários acontecimentos evangélicos e, também, com informações que julgamos de subida valia provenientes de FONTE-MAIOR, é que iremos aventurar-nos, no capítulo seguinte, à Teoria já tantas vezes anunciada. Será ela, também, informada do Poder do Amor, expresso em Jesus de Nazaré, HOMEM-VERDADEIRO, em que esse poder estaria sempre presente, vivo e operante. Sim, presente e operante em Jesus, não o HOMEM-DEUS de certas crenças religiosas, mas AQUELE FILHO DO HOMEM, segundo já afirmamos, PARADIGMA IDEAL do homem do futuro, cristificado em cósmicas e transcendentais experiências do existir pretérito. A cristificação realizada, como Ascensionado Ser, assegurará ao homem a vivenciar – como Jesus – a virtude do fluir por ele energias jamais suspeitadas pela criatura vulgar da humanidade. Acreditamos nessa ascensão humana e achamos até científico assim acreditar, quando vemos e sabemos a VIDA e, certamente, a própria consciência e o poder ascenderem dos abismos imperscrutáveis do "começo" à culminância do que já foi realizado, com harmonia de espírito, arte, beleza, poder, sabedoria e amor, através da história humana, em homens da estatura de um Hermes Trimegistro ou Lao-Tsé, Krishna ou Budha, Sócrates ou Platão, um Santo Agostinho ou Francisco de Assis, Leonardo da Vinci, Miguel Ângelo ou um Rafael. Em nosso próprio século, Gandhi ou Albert Schweitzer. São alguns poucos exemplos que, sem dúvida, alimentam as esperanças de uma dignificação efetiva da Humanidade dos futuros milênios.

– Será anticientífico firmarmo-nos nessa "grande esperança?" Será anticientífico reconhecer, na própria vida em manifestação ao redor nós, esse sentido de aperfeiçoamento, a tônica de divino propósito que parece morar na alma dos seres e das coisas?...

Capítulo VIII
Teoria da cura supranormal: as curas de Jesus – fundamentos científicos

Reconhecemos a inaudita pretensão que até a nós próprios surpreende, quando decidimos enveredar por tal caminho, indicado pelo título deste capítulo. Na verdade, escrevendo sobre Jesus, dizendo de suas curas "miraculosas", como o fizemos no capítulo precedente, dentro do enfoque mais amplo deste livro sobre o "Cristo para a Humanidade de Hoje", somos levados a esse audacioso tema. É que o mundo de hoje apresenta uma dinâmica humana que se desenvolve mais intensamente em termos de razão, de raciocínio, de ciência, buscando e estabelecendo técnicas sempre a serviço do bem viver e conviver humanos.

Há grande ansiedade na via do progressivo conhecimento, tocada por uma autoconfiança das elites humanas do campo do saber, que chega mesmo a levar o não desperto para interioridades espirituais, a um tipo de orgulho, de excessiva superestimação do próprio valor e da ciência em termos puramente racionais. Chega-se, afinal, ao que está em dominância por toda a parte entre nações, povos e raças: um cientificismo tecnológico eminentemente perigoso. Este, é bem claro, tem visado, a par do conformismo e do bem-estar natural e justificadamente humano, a uma busca e realização de condições de força, de energia e de poder, que os governos cultivam como alevantado ideal. Fica, porém, em perigo, o destino da própria humanidade, por dissenções pequenas, mesquinhas, em relação à dignidade interior do homem, as quais se dizem sempre tão justas e tão importantes. Quem negará isto, se pensar seriamente na Energia Atômica, no armamento nuclear à disposição das grandes nações, acrescentando-se o domínio do espaço por jatos, foguetes, satélites, facilitando o uso apocalíptico daquele armamento? Será que as organizações do bem, as de toda hierarquia, desde a da paróquia, da vila ou da cidade, dos países, continentes e mundiais, com destaque à ONU, serão suficientes para assegurarem PAZ ao mundo e fazerem com que armamentos nucleares, ou convencionais, sejam um dia atirados aos abismos oceânicos? O senso do ambiente indica: Não! Que o perigo é GRANDE, IMENSO, não obstante por toda parte, do Ocidente ao Oriente, possamos sentir a irradiação crística da Infinita Bondade, a qual nos chega do fundo da história e flutua sutil junto ao coração humano, revigorada pela Luz que iluminou campos, montes, aldeias e cidades da Palestina, há quase dois mil anos, na ímpar personalidade de Jesus de Nazaré.

Mister se faz nos darmos conta dessa realidade de perigo, na presença, no mundo atual, de condições negativas análogas às que levaram, segundo a tradição, a quase totalidade da humanidade a perder-se no abismo das águas! Será que caminhamos para o paradoxal abismo ascendente do fogo atômico? Urge, pois, atermo-nos com amor à tarefa de trabalho mais nobre, a serviço do Grande Instrutor do Mundo, como, também, do Vigilante Silencioso, o Senhor Planetário! Assim sendo, não seria plenamente justificado procurar estimular o homem, agora, para ver em Jesus Nazaré o paradigma do Verdadeiro Homem que, no futuro, há que realizar-se normalmente no seio da própria humanidade?!... Dessa forma, é preciso clamar para que ele, o homem atual, olhe para si mesmo – e para os demais – com "olhos de ver", cuidando em escutar as suas próprias palavras "com ouvido de ouvir", tudo isso na inspiração da palavra de Jesus de Nazaré.

Portanto, à altura do momento em que escrevemos, na exaltação da riqueza de sabedoria, amor e poder do Excelso e Ascensionado Ser, Jesus – o Cristo, procuraremos mostrar uma visão mais ampla, mais profunda do Universo e da própria Vida e das realidades de toda ordem, presentes em suas múltiplas manifestações. Acentuaremos a dinâmica dos condicionamentos psíquicos e espirituais culminantes na evolução da própria consciência, levando a compreender a plenitude do exercício do poder por parte de Jesus, quando, além de promover diferentes fenômenos surpreendentes, curava cegos, aleijados, leprosos e endemoniados! Mostraremos, dentro da visão maior da estrutura do universo e da realidade do próprio homem, como se tornou possível a totalidade dos marcantes e extraordinários eventos de curas que operou e dos fenômenos surpreendentes que realizou.

Se bem compreendermos a altíssima estatura espiritual do Homem, JESUS DE NAZARÉ, capaz de manifestar-se em poder como o fez, à luz do ensino de FONTE-MAIOR que desce à planura humana e, também, à luz de indiscutíveis, sólidos e recentes aquisições da pesquisa científica contemporânea, poderemos valorizar, de verdade, as palavras de estímulo e de alta significação do texto evangélico, quando diz, Ele, o Cristo:

> Se tiverdes fé, fareis tudo o que eu faço e muito mais ainda. (João 15: 12).

Assim, denota Ele não se excluir da condição humana! E, com isso, já àquele tempo, ensinava o que os homens não quiseram ver e estudar: a sua humanidade, apenas dignificada por uma evolução superior pretérita.

Ora, o caminho da compreensão, do conhecimento, leva, seguramente, à confiança nos processos do despertar do reconhecimento do próprio valor interno e de uma fé plena, absoluta.

Procuraremos, pois, compreender o poder revelado nos extraordinários fenômenos, que apontamos, culminantes nas curas de Jesus, o Cristo, para, então, em capítulos subsequentes, referir sucintamente a profundidade de Seu ensino exotérico e esotérico e, afinal, na 2ª Parte deste trabalho, dizer do Seu IMENSO TRABALHO NO MUNDO ATUAL, procurando traçar, apesar da grande limitação em que ainda nos contemos, a *ÍMPAR FIGURA DO "CRISTO PARA HUMANIDADE DE HOJE"*.

Buscaremos criar um modelo de interpretação do poder de Jesus, de Sua capacidade de Fazer e de Curar, em termos de avanços científicos atuais e, também, em termos de ensinamentos, como dissemos, que nos chegam de "Fonte-Maior". Isso se tornará compreensível e verificável por todo aquele que se dedicar, com inteligência, renúncia e amor, à pesquisa da realidade desse ensino maior. É um ensino de tônica intuitivo-espiritual, inspirado, todavia, na razão, que a ele se aplica com límpida certeza. Esses ensinamentos, na verdade, apresentam-se com tal estrutura de lógica e condição de simplicidade e de dignificação do ser humano, sem contradições e, na verdade, com tal limpidez, que não há como não os valorizar no alto nível que revelam.

Passemos, então, a expor o que chamaremos "um modelo teosófico-científico" para a explicação das curas supranormais, incluindo-se as ditas "milagrosas" do contexto evangélico.

De início, ressaltaremos as bases da Teoria que nos propomos apresentar.

Como vimos no capítulo I, quando tratamos dos 3 (três) RAIOS DO PODER CRIADOR, a substância apresenta-se nos vários níveis da matéria, sob a influência sempre presente das energias que lhe são subjacentes ou dela irradiantes (1° Raio). Além disso, nela – na matéria desses níveis do físico ao mental, intuicional e espiritual – o poder operacional do 2° Raio está presente e atuante na capacidade de fazê-la tomar forma. E isso se dá através do impulso para plasmar, de maneira cada vez mais perfeita, os vários tipos de indivíduos, em busca dos arquétipos, que o Poder Criador parece haver estabelecido como um fim – mesmo que relativo ainda – para o processo da própria vinda à existência do Universo Manifestado.

Mais ainda, de par com a conjugação operativa desses 2 (dois) Raios de Poder, como vimos, o 3° Raio do PODER CRIADOR atua em qualquer ponto ou nível da presença do indivíduo, da matéria mais densa às culminâncias mais sutis do espírito. Perfaz, no íntimo de cada um, até mesmo no abstrato do infinitésimo de um ser, que ainda nem se expressa sensível à nossa percepção, os seres do "começo", como nas imensidades planetárias, solares ou galácticas, aquele *Substrato Consciencial*, marcado de *Vontade Realizadora*, que leva toda manifestação a buscar, na dinâmica incessante de cada instante, o seu Cósmico Destino!

Assim acontece em todo indivíduo da vida planetária, por ínfimo que seja! Então, o ensinamento de "Fonte Maior", que já referimos, diz que nesse "Invisível", como um "substratum" da própria essência do Universo, conluio de energias da natureza tríplice, contendo características de cada Raio do Poder, gravam-se os frutos das experiências do ser que evolui para aquele *destino* maior. Em resumo:

"A Vida e a Consciência evoluem através da forma". E mais: em cada indivíduo, em cada ser, há um *substratum* energético, que persiste para além da perda do veículo físico e que se enriquece na própria experiência do viver. Persiste e, mais à frente, informando outros indivíduos, seguem esses maravilhosos processos de enriquecimento progressivo, crescendo em capacidade de atuar e agir. Marcam eles, afinal, a sua ascensão na hierarquia dos diferentes reinos da natureza.

Assim, na linha do ensino da coexistência das virtudes dos três Raios, vemos a Terra, o nosso planeta, com a sua esfera física densa, permeada por outra sutil, etérica, que se estende além da superfície em que nos encontramos. Essas esferas, física e etérica, são permeadas por outra esfera de matéria ainda mais sutil, astral, conferindo ao todo uma riqueza material e energética jamais suspeitada pela ciência humana, até o momento... Mas tudo isso ainda não abrange a realidade da existência planetária! É que, subjacente às três esferas referidas, que se interpenetram, em que os seres planetários – nós inclusive – todos estamos imersos, um nível ainda mais sutil de substância, de matéria, se apresenta, já agora não limitada a uma esfera planetária! Abrange, tal substância, o espaço solar do próprio sistema planetário a que pertencemos, mas, nem por isso, encontra-se menos presente em cada ponto, em cada indivíduo de qualquer dos chamados reinos da natureza! Nos mais altos níveis dessa ampla esfera, agora abrangente do sistema solar, eis que se visualizam as "celestes realidades" decantadas pelas religiões, correspondendo a um plano superiormente refinado da matéria e da energia, em que experiências, até agora insuspeitadas, poderão, um dia, ocorrer. Essas experiências, como concessão às crenças religiosas, que tanto falam do céu, podemos dizer que são "celestes". Seria, então, aí, o céu das ortodoxias religiosas que, sem aprofundamentos científicos maiores da realidade, afirmam numa volúpia de fé e, não, de lúcido entendimento. Nos seres planetários, particularmente em nós, criaturas humanas, penetrando os veículos de matéria astral, etérica e física densa, o plano mental oferece mais uma condição de qualidades experienciais para o ser em evolução, através da manifestação da mente, da inteligência, do pensamento. Diremos, então, particularizando para o homem, que, em harmonia com essas condições energéticas e materiais do nosso próprio planeta, ele possui em si, interpenetrando-se, vários veículos diferentes das tônicas apontadas de matéria e energia, os quais se entrosam a serviço de uma *Unidade Interna*, cuja eclosão, na humanidade, assinalamos, quando tratamos – no capítulo II – do Cristo Interno, o Cristo Místico, Faúlha Divina presente em toda criatura humana.

Ora, à luz desse novo ensinamento, apesar de tão antigo, no âmbito dos templos iniciáticos, é que poderemos então dizer, arguir, sobre as curas paranormais, já agora com amplo respaldo em experiências científicas no campo parapsicológico ou psicobiofísico. Veremos, um pouco adiante, fixadas em definitivo, as bases para a teoria explicativa, que nos propomos apresentar. Prossigamos, pois, à luz do que vimos expondo, assim resumindo: o homem dispõe, na sua infraestrutura organo-psíquica, de quatro veículos interpenetrados: físico, etérico, astral e mental, sobre os quais falaremos, com certa minúcia, um pouco à frente.

Esses veículos correspondem, na verdade, aos veículos planetários, isto é, às esferas física, etérica, astral e mental das quais falamos, sendo a última, no que tange aos níveis mais refinados de uma matéria já solar, isto é, abrangente do nosso sistema planetário como um todo.

Na energética dessas esferas, desde que a matéria de cada nível de veículo humano é idêntica à de cada nível da esfera-veículo planetário, vai o homem buscar, sempre e sempre, ao longo do existir, a força, as condições correspondentes de toda ordem para operar, agir, "colher experiências, aprender e realizar os passos do caminho". Como acentuamos antes, nele, no homem, se aplica o que dissemos sobre a *fixação da essência do conteúdo de valia das experiências pretéritas*: e assim ele cresce, se enriquece física, psíquica e espiritualmente, segundo as Leis da própria VIDA!...

No que acabamos de expor, encontrar-se-á plena justificativa do valor, da importância psicológica do Inconsciente Humano, tão enfatizado por Sigmund Freud e do significado da explicação do Inconsciente Coletivo de Charles Jung, agora visto com evidente objetividade maior. É que já acentuamos gravarem-se os conteúdos sutis das experiências vividas no *substratum* das próprias formas de vida em evolução, *substratum* que, nos estudos mais avançados de nível esotérico, se diz monádico, justificando-se falar-se de "mônada mineral", "mônada vegetal" ou "mônada animal", no homem, a interioridade de sua vida ou condição espiritual. Por isso, o Inconsciente Coletivo de Jung agora abrangeria, ou melhor, estaria em toda a hierarquia dos seres, do indivíduo, que vem do mineral, do vegetal ao homem e, certamente, um dia, ao super-homem da Super-Humanidade, que está por vir.

Além de tais veículos, existe no homem uma Unidade Interna, a qual denominamos, para um primeiro entendimento, Ser Espiritual. Chamá-lo-emos para simplicidade e adequação à terminologia psicológica vigente, de EGO. No caso, o EGO Superior, deixando de lado o EGO *persona*, EGO inferior, expressão de consciência e sentido de individualidade nos três planos mais baixos, a que vimos nos referindo. Reservaremos, pois, o conceito de EGO Superior àquela Unidade que se encontra para além mesmo do Plano Mental, do qual falamos como "celeste", segundo as ortodoxias religiosas. Seria a Unidade Crística do ser. Para nós, todavia, encontra-se ela em nível de existência espiritual objetiva e passível de ser estudada em determinadas condições.

Perguntar-se-ia: que bases científicas reais haveria em tudo isso? Como afirmar-se a existência, no homem, dessa subjacência de veículos e de energia tão elevada, tão sutil, tão rica? É evidente que, em um livro como este, não é possível extremarmo-nos no campo que aqui consideramos, de vez que visa ao fim mais alto que seu título revela. Não poderemos estender-nos demasiado na minúcia dos trabalhos científicos, que já mostram a presença, no homem, de algo subjacente, sugerindo um *substratum* invisível que alguns cientistas já chamam de *corpo biológico modelador*. Em livro recentemente publicado por destacado físico da Universidade Federal do Amazonas, professor Carlos Alberto Tinoco, o autor versa, com apuro científico, a demonstração desse modelo, segundo o qual o veículo físico, o corpo humano, pouco a pouco vem vindo à existência, a partir da concepção! Segundo um modelo definido, esse livro notável destaca, outrossim, trabalhos semelhantes conduzidos pelo eminente físico e professor Hernani Guimarães de Andrade, Diretor do Instituto de Pesquisa Parapsicológica de São Paulo, autor renomado que já se projetou, em nível bem elevado, com dois livros: *Teoria Corpuscular do Espírito* e *Novos Rumos para a Experimentação Espirítica*.

A existência de um veículo, denotando forma física, no momento, já se consagra como a realidade bio-plasmática da experimentação científica soviética. É que, apoiada nas técnicas da fotografia Kirlian, utilizando campos de alta frequência, está demonstrada a coexistência, no ser vivo – planta, animal ou homem – de um campo energético, mostrando forma nítida, antes não admitida cientificamente, subjacente à configuração física habitual, formando em torno dela uma "aura", uma faixa de colorido próprio. Estudos amplos se realizam e aperfeiçoam na União Soviética e, também, entre nós do Ocidente, em face dessa evidência. Aliás, já atualmente esse corpo invisível bioplasmático se denomina, parece-nos com felicidade, *corpo biológico modelador*, segundo já dissemos.

Na verdade, subtraída a vida da planta ou do animal, aquela aura desaparece. E, também, quando enfraquece a vida ou se instala a decadência física por moléstia ou lesões, a "aura" se modifica, perde brilho e intensidade, alterando o colorido. Essa aura, aliás, desde muito vem sendo estudada pelo Dr. Walter Kinner do Hospital Santo Thomas de Londres, o qual desenvolveu uma técnica que a torna acessível à visão normal humana, se vista através de um filtro impregnado de dicianina ou, então, de azul de metileno ou, ainda, de violeta genciana. Atualmente, pesquisa análoga está sendo conduzida, com apuro e dedicação, no Instituto Brasileiro de Parapsicologia do Rio de Janeiro.

Como vemos, afirma-se já em nível físico de observação direta, esse "invisível" no homem. Por outro lado, os fenômenos do ectoplasma nas experiências metapsíquicas, desde os tempos de William Crookes, Charles Richet, Camille Flammarion e tantas outras eminências científicas, consagram a virtude do estranho poder que se faz presente numa "*Forma Física*", humana, que não qualquer pessoa presente ao evento. Como a virtude de uma forma transcendental, super-orgânica, pode afirmar-se categoricamente à exata compleição de um corpo físico normal, com tecidos, articulações, funções, temperatura, tudo normal e, ainda, demonstrando estar possuído de inegável psiquismo!?... Não estará, em tudo isso, muita coisa do campo da experimentação científica humana, absolutamente afim com o que expusemos anteriormente sobre a existência, no homem, dos veículos etérico, astral e mental, isto é, sobre a realidade de um *veículo invisível*, conjunção daqueles três no homem, ainda não bem definido pela ciência, o qual sobreviveria à morte?!... Parece claro. Todavia não termina aí o que a ciência atual tem submetido à pesquisa, prestigiando, sem dúvida, o que antes expusemos. Cumpre referir às fotografias de formas mentais, demonstrando a existência de matéria nesse *nível*, plástica, sensível à volição e à emoção humanas, tomando formas que podem adensar-se até ao nível de serem fotografadas com nitidez. Tais experiências, conduzidas em Denver, U.S.A., sob a liderança do Dr. Jule Eisenbud, com o grego Ted Serious. É de perguntar-se: que seria essa coisa, que toma forma e obedece ao pensamento concentrado do poder mental? A Ciência atual, na verdade, não tem ainda condição de responder! Todavia, há que conformar-se à autenticidade do fenômeno e enfrentá-lo, segundo a feliz afirmação de Lord Kelvin:

"Pela Eterna Lei da Honra, a Ciência há que enfrentar os fatos (quaisquer que sejam) face à face!..."

Não indicariam já essas experiências, pelo menos, a existência objetiva de matéria mental condicionante dessas fotografias?

Ainda na linha da busca das pesquisas científicas atuais, que prestigiam e conferem foros de seguras perspectivas de verdade, pelo menos, a alguns dos ensinamentos de "Fonte Maior", que estamos sempre invocando, encontram-se, também, aquelas que dizem do "Mistério" que se abriga na vida das plantas. No livro de Peter Tompkins e Cristopher Bird, "A Vida Secreta das Plantas", encontram-se extraordinários relatos de experiências inacreditáveis, denotando a percepção estranha que poderíamos chamar extra-sensorial? Mas onde o sistema nervoso, os sentidos, os órgãos próprios das plantas? E a forma pela qual reagem, em face de variadas circunstâncias que as podem afetar? Veríamos, aí, uma pálida que seja, se bem que importantíssima, demonstração do que aquele ensino de "Fonte Maior" afirma sobre a vida, a concomitância da tônica dos 3 (três) Raios de Poder em todo e qualquer *indivíduo*, do mineral ao homem. E, assim, evidentemente, na planta!

Por outro lado, têm sido desenvolvidas pesquisas, em vários centros científicos, sobre "vozes" estranhas que nos chegam em gravadores comuns diretamente ou através de ondas de rádio de frequências apropriadas, selecionadas empiricamente nos intervalos deixados pelas irradiações normais. Esse fenômeno, que foi descoberto pelo sueco Friedrich Jurgueson, à altura de 1958, quando tentava gravar vozes de pássaros, foi exaustivamente pesquisado pelo psicólogo letão, naturalizado alemão, Constantin Raudive, cujos trabalhos, minuciosamente apresentados no notável livro "Breaktrough" publicado na Inglaterra, sob a supervisão do eminente psicólogo inglês Peter Bender, marcarão um instante de significado indelével na história da ciência atual! É que se fixam, nesse livro, vozes impressionantes colhidas de um total de mais de 80 mil gravações, expressando-se em idiomas arcaicos! Como, perguntamos, serão essas vozes produzidas e operadas, a ponto de chegarem até nós, fixando-se em um gravador comum? E, ainda, as vozes arcaicas, que teriam sido pronunciadas há séculos ou milênios, como e de onde estariam elas influenciando os nossos gravadores? Onde registradas, ou guardadas, perfeitas, capazes de impressionarem os nossos aparelhos? Justificada suposição nos apontaria um "invisível" planetário naturalmente muito mais rico do que admite a ciência até aqui, o que estaria em harmonia com o ensinamento que vimos dizendo de "Fonte Maior". Na verdade, segundo esse ensinamento, voz emitida em qualquer tempo, possui conteúdos de emoção (astral) e pensamento (mental), os quais, nas respectivas esferas – astral e mental – da estrutura planetária, por processos ainda não conhecidos por nós, se registrariam *ad aeternum*, constituindo o que o ensino esotérico denomina *Memória Divina* ou *Memória da Natureza*. Gravar-se-iam, pois, em níveis próprios dos éteres ou superéteres superiores, isto é, dos planos astral e mental, formando os arquivos akásicos. Diz-se, aliás, que a criatura humana que chega a possuir a capacidade de ver ou ouvir, perceber, enfim, vibrações da energética desses altos planos e aí focalizar a sua consciência, será capaz de ler e aprender com nitidez o constante desses verdadeiros arquivos e contatar, ouvir e ver os seres correspondentes. Poderá, outrossim, informar-se a respeito das experiências planetárias pretéritas – suas ou de outrem – conforme as circunstâncias ou, ainda, das experiências passadas coletivas, de nações, povos ou raças. Não será a pesquisa dessas vozes, objetivamente, mais um campo de aproximação da Ciência em relação àquele ensino de "Fonte Maior" que vimos tanto referindo? Resulta, então, que, pouco a pouco, com dados da pesquisa científica, podemos justificar e prestigiar muito e muito do que vimos afirmando até aqui. Na verdade, em face do exposto, deixará de haver razão para crer nas palavras desse ensino, que vimos dizendo de "Fonte Maior"?!...

Em face de tudo o que expusemos até o momento, sentimo-nos em condições de, afinal, poder apresentar, com justificados fundamentos, o que já denominamos como sendo uma Teoria Geral da Cura Supranormal, Paramédica, inclusive das Curas "Milagrosas" de Jesus de Nazaré.

Como iríamos demasiado longe, estendendo inoportunamente a apresentação dessa teoria, se fôssemos minuciar, ao extremo, sobre os vários níveis de cura supranormal e, tendo em vista a finalidade deste livro, enfatizaremos apenas as curas de Jesus de Nazaré, mostrando como se aplica a teoria aos casos apontados no capítulo precedente, extraídos dos Evangelhos. Aliás, nesse capítulo, já as comentamos sucintamente, sem, porém, procurar inseri-las em qualquer teoria interpretativa.

A explicação dessas curas no âmbito de uma Teoria Geral é o que tentaremos fazer nos termos que se seguem, fundamentados em tudo o que até aqui, preliminarmente, apresentamos. Na verdade, estamos sugerindo ou afirmando uma nova estrutura para o homem, no que tange à riqueza do seu próprio organismo, do seu corpo, rico de uma subjacente energética de vários outros níveis, que a ciência oficial apenas pressente, sem lhe haver penetrado os arcanos sutis.

Capítulo IX

As curas de Jesus – fundamentos científicos e do ensino de "fonte maior"

Partimos de uma psicologia de evidência não comportamentista. Não materialista, em termos pequenos, impregnada de subjetivismos inconscientes, mas super materialista e, paradoxalmente, super espiritualista, que nos faz ver a infraestrutura do homem em termos de veículos objetivos de matéria de vários níveis, ainda não aceitos pela Ciência oficial, todos a serviço do EGO SUPERIOR, conforme já conceituamos. É verdade que alguns desses níveis, como mostramos, já se insinuam e mesmo se afirmam junto à experiência clássica ou avançada, acadêmica, universitária, conduzidas por pesquisadores não preconceituosos em seus laboratórios ou institutos. Por outro lado, repetimos, é super espiritualista pois, a par desses veículos, afirma o EGO SUPERIOR, a UNIDADE CRÍSTICA INTERNA, na intimidade profunda desses veículos. Eis, então, uma conceituação atípica do homem: além de super materialista, considerando veículos de matérias mais sutis, apresenta-se essencialmente espiritualista, conforme enfatizamos, de vez que aceita, como dissemos, a crística, divina intimidade do ser humano.

Sendo assim, compreendemos a saúde como ajustamento harmônico dos veículos físico-etérico, astral e mental. Esses veículos, ajustados na dinâmica de suas ações e reações recíprocas a serviço da Unidade Central do ser, do seu EGO, configuram certamente *o homem com saúde*. Qualquer distúrbio funcional, suficientemente intenso para afetar ou perturbar a sensação vivida de bem-estar realizável pela criatura tranquila, em normalidade orgânica, emocional ou, mais genericamente, psíquica, caracteriza, por sua vez, o estado de enfermidade. Dessa maneira, em um ou mais de um desses veículos, é que necessariamente se encontra a raiz ou a manifestação da enfermidade porventura presente.

Para bem compreendermos, sem quaisquer dúvidas, o cerne da teoria em tela, havemos que fixar conceitos definitivamente básicos e admitir que estamos, nem que seja provisoriamente, seguros do que resulta e se afirma nos seguintes pontos:

1° – *O Corpo ou veículo denso* é aquele instrumento de ação apropriado a colher diretamente impressões ou percepções do mundo físico, sujeito às necessidades inalienáveis de absorção ou excreção, dotado de impulsos e de ações oportunas para alimentar-se e reproduzir-se.

2° – *O corpo ou veículo etérico*, chamado também *corpo vital*, é aquele mais proximamente ligado ao anterior em termos vibratórios, de vez que é praticamente físico também; na realidade é *hiperfísico*, supersensível à intimidade da irradiação prano-solar, essencialmente vitalizante, absorvendo por órgãos próprios – os chacras – energias dessa irradiação do mais alto nível de tônica bio-eletromagnética. A esse veículo etérico se acrescem subjacentes conteúdos vitais, da mesma natureza, advindos do metabolismo orgânico alimentar. Seria, assim, o corpo bio-plasmático da investigação científica atual, o qual, na verdade, alimentaria sutil – mas profundamente – a vida celular e, em consequência, todo o organismo físico do indivíduo.

3° – *O corpo ou veículo astral*, aquele que participa da matéria e da energética da correspondente esfera planetária. Nesse veículo, mora a capacidade vibratória da matéria ou energia do nível astral terráqueo, em harmonia efetiva com todas as gamas da emoção e do sentimento. Mostra-se, à vista clarividente, em luminosidade característica e em coloridos que indicam – ora mais escuros, densos, ora mais claros e até brilhantes – os estados emocionais correspondentes, desde as emoções pesadas do sensualismo vulgar, das paixões violentas, das ambições egocêntricas sem nobreza, até os sentimentos mais puros e elevados do ser humano, culminantes no amor puro. Veículo, pois, delicado, de matéria essencialmente plástica e luminosa.

4° – *Corpo ou veículo mental*, em que se encontra toda a riqueza de vibrações energéticas do pensamento humano. Responde vibratoriamente ao pensamento concreto que se atem às imagens conceituais das formas densas do mundo físico ou, quando for o caso, das mais sutis. É suporte de conceitos de emoção ou sentimentos de prazer, de sofrimento ou bem-estar, em face de experiências colhidas no mundo físico. Responde, também, em níveis mais sutis, ao pensamento abstrato, aquele que rege, condiciona e dignifica a inteligência humana, fazendo-a, de forma consciente, aprender e anunciar as grandes sínteses do conhecimento mais profundo, através de abstrações das características superficiais e não intrínsecas das coisas, dos seres, dos fenômenos de toda a natureza: física, emocional e até mesmo mental. Conduz o ser a colocar-se em cósmica sintonia com os impulsos sutis, dentro da dinâmica que preside e promove a manifestação, isto é, a própria natureza em seu desenvolvimento e em expressão de vida. Esta é uma suposta realidade ambiental ou, na verdade, uma Realidade Maior, que pouco e pouco irá sendo desvendada em seus mais profundos arcanos...

5° – Afinal, o *EGO SUPERIOR*, a Unidade Espiritual, o Cerne Crístico do ser, onde mora a individual consciência do *homem*, aquele "Quid" que inspirou o gênio de Descartes, quando imerso na dúvida universal, se deu conta da reflexão – "*Cogito, ergo sum*" ou "Penso, logo existo". Esse Ego Superior, eminentemente espiritual, seria ou será extraordinariamente poderoso no exercício de poderes desse nível mais alto, à medida que a criatura humana se realiza progressivamente em alta espiritualidade. Atuará, nesse nível mais sutil, acima dos já referidos veículos da manifestação. É que aí, mais e mais a *consciência individual* continuamente se amplia para poder traçar rumos cada vez mais seguros às atividades nos níveis dos veículos dos planos mais baixos: físico; etérico; astral e mental inferior. O Ego Superior, de substancialidade crística, transcende, naturalmente, aos quatro níveis dos veículos dos planos inferiores. Posto isso, na angulação em que essa abordagem coloca o real problema da estrutura físico-psico-espiritual do homem, poder-se-á ver, com nitidez, o que Jesus de Nazaré veio ensinar, demonstrando, com excepcional objetividade, que o Poder desse Ego Superior Crístico pode tornar-se imenso, surpreendente, apesar de absolutamente incompreensível pelo homem vulgar. Poderá expressar-se em energia de atuação límpida, intensa, através das virtudes e propriedades dos diferentes veículos, produzindo efeitos não só do tipo de fenômenos extraordinários, estarrecedores, como a multiplicação dos pães e dos peixes, levitação sobre as águas, controle de tempestades, etc, como das maravilhosas curas, que os evangelhos proclamam.

Mas isso não é tudo: com o respaldo dos fenômenos e das demonstrações, por Ele, de irretorquível Poder, tudo em bem do ser humano, Jesus afirmou, com atos, lições para os do Seu tempo, os de hoje e os de amanhã, enfatizando a primazia do *Amor Sem Limites*, enfatizando sempre a fraternidade entre os homens, com plena abolição de qualquer discriminação de sexo, raça, condição social ou política! Naquela época – e hoje, também – poderia ser considerado um *Subversor* dos conceitos e valores daqueles que se achavam "Senhores do Mundo"!?... Mas o que importa, e o que queremos enfatizar, é que Ele, Jesus de Nazaré, deixou patente que aquele PODER DE REALIZAR COISAS EXTRAORDINÁRIAS, "MIRACULOSAS," implicaria em uma aproximação íntima com um PODER MAIOR, que adviria do Pai, dizendo:

"Eu e o Pai somos um"! Chamava com simplicidade, a esse Excelso Poder, de Pai, falando à infância humana à qual, vivendo experiências, um dia, no futuro, lhe seria facultado atingir e realizar o poder da FÉ e viver internamente o seu valor. A intimidade com o Poder Maior, o Pai, seria a condição da divina intuição da verdadeira FÉ. A consciência individual expandida ao Divino, Nele Plenificada, justificaria as suas palavras:

"Se tiverdes fé como um grão de mostarda, podereis remover montanhas", ou ainda:

"Se tiverdes fé, fareis tudo o que faço e muito mais ainda".

A integração do cósmico poder pela Fé, segundo Seu exemplo, seria, sem dúvida, uma culminância de AMOR, tal como o viveu e pelo qual foi ao Gólgota.

Por outro lado, disse Jesus de Nazaré: "Na caridade se resumem todas as leis e todos os profetas!". E o que seria a verdadeira Caridade, se não a mais viva Expressão do Amor, sem mesquinhos condicionamentos humanos?

Por fim, fica-nos o entendimento de que, pelo Amor, Sabedoria e Poder de Jesus de Nazaré, se explica tudo o que Ele legou de extraordinário em muitas passagens de Sua vida e de "miraculoso" nas curas, que os quatro Evangelhos proclamam.

Supomos haver deixado claras as bases psicológicas em que fundamentaremos o desenvolvimento da teoria da cura supranormal, que vimos anunciando. A respeito, porém, dos fundamentos da teoria em tela, resta ainda acrescentar que tudo se passa como se uma Energia de Vida – com letras maiúsculas – estivesse sempre presente no homem, fluindo de Hierarquias Maiores, ainda fora do alcance da percepção humana. Seria a Energética decorrente da Potência Criadora, que permeia os veículos da estrutura do ser: aqueles veículos que precedentemente referimos. Assim fluindo e em adequações próprias aos vários níveis, expressar-se-ia, afinal, em todas as formas de atividade e ação, em tipos de energia, que já conhecemos na densidade do espaço, em que o homem atua e se reconhece.

Um fluxo mais intenso daquela Energia de Vida Superior desceria através de canais apropriados que se ajustam aos "chacras" etérico-astrais, coincidentes com os centros e complexos nervosos mais importantes do organismo físico. Por outro lado, não obstante a evidência de canais energéticos perceptíveis pelo olhar clarividente, a verdade é que, elemento a elemento, se entrosam os vários veículos, revelando sintonia de coexistência, como se a efusão do divino propósito de cumprir *um destino*, assinalado pela própria Vida, presente em cada ser, como a ditar esse harmônico ajustamento.

Vemos, então, por exemplo, Jesus curar um paralítico que Lhe chega pelo telhado: centros nervosos, órgãos e membros inoperantes. A narração evangélica enfatiza a sua fé e a de seus companheiros. Sendo o Mestre um perfeito clarividente, identificou perturbações de nível sutil subjacentes àquelas efetivas deficiências orgânicas. Em condições, por sua excelsa sabedoria, de operar tecnicamente na raiz ou raízes dos distúrbios, eis que, com umas poucas palavras, ordena a cura e ela se faz! Mago, num sentido alto e puro, por sua avançadíssima evolução espiritual, pleno de Poder Mental, emite um súbito jato de pensamento à forma de verdadeiro "laser mental", atuando na medida certa e eis a intensificação imediata – e na medida precisa – da supervitalização dos centros nervosos, órgãos e membros afetados, recompondo-se a harmonia perdida. Milagre? Sim, no sentido da confissão de nossa limitação e incapacidade de compreender! Não, para o princípio de compreensão que se abre para o exercício de tal poder que, como indicaremos, em nível menor, já se estuda e exerce, ainda que palidamente, entre nós! Prova disso? É só ter "olhos de ver" e querer ver. Na verdade, em bem mais baixo nível de acentuada incipiência, temos visto e vivido notáveis acontecimentos dessa natureza: mediante imposição de mãos, uma leucêmica, saída do hospital para morrer em 15 dias, reequilibrar-se e viver um ano e meio ainda, com plena reformulação espiritual, bem assim problemas crônicos de saúde serem superados quase que imediatamente, etc.!... Através de uma mentalização de raio mental de tônica azul, dirigida sobre o "buraco" ostensivo, impressionante, de uma ferida na perna de uma jovem psicóloga, ser ela curada, com os tecidos recompostos em 3 (três) dias! Como explicar essas evidências? Particularmente, como explicar tão excepcional recuperação de tecidos?!...

Que seria pois, perguntamos, nas curas de Jesus, se não o estímulo intenso de revitalização orgânica, no nível do veículo próprio, que o Nazareno, das alturas de Seu poder, tocado de Divino Amor, podia fazer com segurança e oportunidade, sendo um Super-realizado Ser de evoluções humanas ou para-humanas pretéritas? Verificando, em límpida clarividência, distúrbios emocionais ou mentais refletidos no físico ou, mesmo, quando, ao contrário, densamente físicos, manifestando-se inversamente nos níveis astral (emocional) e mental, eis Jesus, o Cristo, com acendrado Amor e Poder, operando nesses planos mais altos, com a virtude de uma energia por Ele controlada. E essa energia, tudo indica, de natureza mental, *enriquecida de conteúdos de poder supramental, crístico espiritual*, ainda longe de ser pesquisada pela ciência atual. Seria, então, a aplicação *de possíveis raios de luz do plano mental*, na justa medida, decorrente de uma Técnica que advém de uma Ciência Superior, ainda não humana, mas crística, de uma verdadeira sabedoria. Daí, partem aqueles raios de concentração energética – à forma de "lasers" – com conteúdo de energia dos níveis superiores. Dessa forma, podia, atuando com absoluta adequação, restabelecer a harmonia desaparecida e promover a normalidade orgânica da criatura doente!... Derrogação de qualquer lei?... Não! Conhecimento de Leis Superiores, isto é, da Física, Química, Biologia e Psicologia dos níveis superiores da substância, da matéria, da vida, além daquelas conhecidas pela Ciência atual!

Seria o caso, nos termos que acabamos de indicar, das demais curas que relatamos anteriormente – e dezenas de outras mais – culminando no restabelecimento à normalidade da *mão mirrada*, tornada absolutamente normal, a uma simples frase de Jesus de Nazaré. Segundo a narração evangélica, numa frase decidida e, mesmo, uma ordem de cura! "*Sê limpo*" e ficou curado.

Então, é de ver-se uma nítida compreensão teórica de tais curas; ação de força, de poder, *basicamente mental*, exercido em decorrência da capacidade de concentrar energia de tal nível à forma de raios de natureza etérico-mental, perfazendo verdadeiros "*lasers mentais*". Já se provou, cientificamente, em nossos dias, a influência e a ação da mente sobre a matéria!

Seria a utilização terapêutica da luz no plano mental que a clarividência anuncia. Tendo em conta o que expusemos sobre os vários níveis da matéria e energia partícipes da vida planetária, do mineral ao homem ou super-homem, adeptos ou mestres ascensionados, torna-se teoricamente lógico afirmar que esses "lasers mentais" de inaudito poder, quando particularmente promovidos por seres de hierarquia crística – como a de Jesus de Nazaré – podem e devem possuir conteúdos de virtudes insuspeitadas de uma *energética supra mental*, de âmbito de sutileza e poder que chamaríamos espiritual.

Tudo isso ainda velado ao conhecimento do homem vulgar, à sua relativa ignorância e soberba pretensão. Isso aconteceria, em consequência da própria Lei *Maior*, que governaria a interioridade essencialmente divina do Cosmo. Seria, possivelmente, do nível dos planos ou estágios de manifestação que indicamos no primeiro capítulo como *búdico-intucional* ou *espiritual-crístico*, dispondo-se em esferas de matéria e energia desses altos níveis. As virtudes, porém, subjacentes ao plano mental, já seriam de extraordinário poder e estariam presentes na cura, em consequência do Discernimento, Intrínseco Amor, Sabedoria e Superior VONTADE-PODER de seres da estatura de um Jesus de Nazaré. Que poder maior não seria possível acrescer, com a utilização de energias crísticas, lóguicas, divinas?!...

Capítulo X
Teoria da cura supranormal, paramédica ou miraculosa

Através da história, quantos curadores de escol terão surgido? Se não ostensivos, do *status* de Jesus, quantos até cultuados no sentido do milagre, consequente à promessa dos fiéis?! A história das igrejas, particularmente a católica, está repleta desses ditos milagres que, teoricamente, nos termos que apresentamos, afinal, se explicam! Na história e na atualidade, como deixar de destacar *Os Milagres de Lourdes*, sobre os quais há depoimentos de sábios fisiologistas da mais alta valia como os do eminente Professor da Sorbonne, Charles Richet e os do famoso cientista Alexis Carrel, este o autor da extraordinária obra *O Homem, este Desconhecido*? Richet, em seu magnífico livro *A Grande Esperança*, diz da cura de um paraplégico, com a coluna vertebral atingida em consequência de um desastre e subitamente curado em Lourdes! E Carrel conta, em célebre entrevista, concedida à imprensa da época, a inacreditável cura que assistiu, depois de acompanhar, horas a fio, a situação de uma enferma, praticamente a caminho da morte, tomada de aguda e incontrolável tuberculose mesentérica! Tão mal se encontrava, que nem foi imersa nas águas de Lourdes, cuidando-se de que não morresse ali, à frente de todos, ao ser imersa naquelas águas! Levada até às imediações, foi a seguir recolhida ao local dos doentes já tratados, onde aguardavam, todos, a evolução de seus casos. Súbito, Carrel e um seu colega médico, sempre atentos àquela enferma, começaram a vê-la transformar-se: o ventre elevado a ceder em busca de normalidade, a respiração ansiosa acertando o ritmo, o colorido das faces ressurgindo!... Em duas horas de segura evolução, a jovem já estava sentada no leito, muito fina, demasiado magra, a conversar com equilíbrio e segurança, sentindo-se curada!

Considere-se que um cientista do nível de Carrel, com a responsabilidade de seu nome, de tão alta reputação, havendo acompanhado tudo isso, antes, durante e depois, afirmou categoricamente tal cura!... Dir-se-ia "milagre"... Voltaremos a dizer, como já o fizemos: Sim, pela absoluta incapacidade de compreender tal fato, ficando-se pasmo em face do desconhecido, de tudo o que se havia passado na reconstituição orgânica daquela jovem! Seria uma derrogação da Lei?... Não, mas, como dissemos, o exercício de Leis Superiores, além do nível do conhecimento científico credenciado, aceito e consagrado até aqui! Não, o exercício, por quem as sabe aplicar, de Leis das esferas mais sutis da Realidade de que vimos tratando. A Ciência avançada, atualmente em pleno desenvolvimento e ensinamentos daquela "Fonte Maior", já enfatizados, tudo conjugado, possibilita-nos justificar, como vimos fazendo, o esboço da teoria que estamos apresentando! No caso de Lourdes, apenas, devemos acrescentar que o agente não estaria ostensivo em uma pessoa de escol da estatura espiritual ou transcendental de Jesus. Mas o que vimos dizendo sobre a Realidade Maior, escondida pelo véu, cuja densidade se mede pelas restrições imensas de nossos, sentidos, permite afirmar a possível presença de Ser Ascensionado, de alta envergadura espiritual, atuante nos níveis superiores que apontamos: etérico, astral, mental!... Daí, podermos estar seguros, na lógica da teoria que conduz a um ser Ascensionado ou a uma equipe de alguns deles, de condições espirituais análogas, ali atuantes. Aceitar-se-ia a hipótese de que o Ser Ascensionado e consagração, ali, em Lourdes, seja a Eminência Espiritual que fora a mãe de Jesus, a Virgem Santíssima. Assim, da sutileza da esfera em que se encontra, pudesse operar ou esteja operando aquelas curas, à forma por que falamos em referência a Jesus. Em consequência, essa possível equipe de seres avançados, de tal tônica de poder, poderia operar, também, em condições análogas, segundo as mesmas Leis já invocadas que estariam a desvelar-se, pouco a pouco, ao longo do caminho ascensional do conhecimento humano!

A propósito de curas extraordinárias, cita-se, ainda, entre muitas outras, a passagem pela existência física do extraordinário ser que foi aquele que ficou na tradição contemporânea como o Mestre Philippe de Lyon. Homem de sabido e reconhecido notabilíssimo poder de cura! Está em sua biografia, que uma comissão de médicos da Academia Francesa, presidida pelo Dr. Gerard Encausse, escolhendo casos gravíssimos para o teste, consagrou o extraordinário poder de cura que possuía. Então, o Presidente passou a ser seu discípulo! Obra substanciosa de autoria conjunta do Dr. Philippe Encausse (filho do Dr. Gerard Encausse retro referido) e do Sr. Sevananda Swami, dá conta da magia da sua capacidade de curar, sempre invocando estreito relacionamento de amor transcendental para com Jesus de Nazaré, chamando-O sempre "o Amigo". É, mesmo, do nosso conhecimento pessoal, demonstrações de poder excepcional, no âmbito de cura, por parte desse extraordinário Mestre Essênio!

Poder-se-ia, talvez, julgar estarmos aqui caminhando para formas de crendices quaisquer, abandonando o racional da teoria que estamos expondo, visando a tornar claro a possível existência de cura objetiva pelo revigoramento e reequilíbrio energético vital de qualquer dos veículos da criatura humana. Seriam possíveis tais curas por seres não ascensionados, invocando apenas poderes místicos, ou melhor, solicitando graças!... Assim, na verdade, acontece. É que, nesse campo, a partir de certa altura, se chega a uma situação em que Ciência e Fé desaparecem na coexistência íntima dos seus significados e valores, fundindo-se numa verdade só. Culmina o processo dessa fusão no despertar intuicional do espírito humano, abrindo-se ao místico, à Fé e, por outro lado, proporcionando os primeiros vislumbres da Verdadeira Sabedoria, Ciência Maior, Integral que, amanhã, será apanágio do homem avançado, conscientemente super realizado em cósmicas experiências físicas, emocionais, mentais e espirituais!

Todavia, há mais um ponto a indicar na exposição que ora fazemos, esse de natureza indiscutivelmente própria da fé, insinuando acentos religiosos mais nítidos. Contudo, mesmo assim, estamos seguros de que o poremos em termos de razão, de conhecimento. É o ponto que incide sobre o *Mérito* ou *Não*, para o enfermo obter a cura chamada "milagrosa", a cura transcendental, paranormal! Mister se faz considerar o assunto com particular atenção. Na verdade, como, apenas pela razão, podemos justificar a ressureição da filha de Jairo, a ressureição do filho da viúva de Naim e a mais impressionante de todas, à qual também já nos referimos, a de Lázaro de Betânia, de vez que a morte desse último teria se passado já havia 3 ou 4 dias? À respeito dessa última – a ressureição de Lázaro – explicitamos que a narrativa evangélica fala da morte já de alguns dias. Neste caso, sabemos que havia um relacionamento prévio de profunda amizade de Jesus para com a família da Betânia. Tal não ocorreu quando na ressurreição da filha de Jairo – principal da Sinagoga – que havia falecido pouco antes. Para completar o quadro, visando ao estudo que fazemos, minuciaremos mais o caso da morte, já no esquife, a caminho do enterro, do filho único de uma viúva da cidade de Naim, este assim referido na letra evangélica:

> E vendo-a, o Senhor moveu-se de íntima compaixão por ela e disse-lhe:
> "Não chores. E chegando-se, tocou o esquife" (e os que o levavam pararam) e disse:
> "Mancebo, a ti te digo: Levanta-te." E o defunto assentou-se e começou a falar. E entregou-o à sua mãe. E de todos se apoderou o temor e glorificavam a Deus... (Lucas 7: 13 a 16)

Parecerá incrível que haja possibilidade de entender-se, no quadro de uma teoria, a cura pelo fenômeno da ressureição!... Na verdade, assim é: consumada a morte, como efetuar-se o regresso da vida à célula, a permear todo o corpo, já um amontoado de elementos químicos arrumados apenas segundo a forma daquele indivíduo morto? Nos casos em apreço: Lázaro, a filha de Jairo e o filho da viúva de Naim?!...

Nessa altura da exposição, antes de apreciar o lado objetivo do processo, vamos tecer algumas considerações de outra natureza, sobre as curas do tipo paranormal, ditas "milagrosas". Parece lógico podermos aceitar ensinamentos de "Fonte Maior", desde que vimos estudando e expondo à luz de uma *ampla concepção do Universo e da Vida, em profundidade e extensão*, admitindo existir como a imanência do Poder conducente a um Destino! Seria a presença efetiva de uma Lei de *Causalidade e Efeito*, presidindo o exercício do Poder, a qual liga inexoravelmente, apesar de paradoxalmente flexível, o agente, àquilo que ele fez ou faz, crescendo em responsabilidade à medida que mais conhece e que mais energia e poder adquire. Na palavra do próprio Jesus de Nazaré: "A quem mais for dado, mais será pedido"...

Dessa forma, ao longo do existir, atuaria sobre a criatura humana o exercício de um Juízo Superior, que se esconde nos arcanos indevassáveis e profundos da própria Lei Maior, do qual só bem à frente, quando despertada e realizada do espírito, pode dar-se conta, isto é, ser plenamente consciente.

Mas essa condição de consciência não é necessária para que tal Grande Lei de Causalidade e Efeito e Justiça seja operante.

Tudo se passa como se um fluir natural da Divina Justiça, inexorável e flexível, paradoxo a que já nos referimos.

Na linha geral do nosso posicionamento inspirador de elevada Filosofia de Vida, é de clara intuição, e até racional, aceitar ser ela permeada de evidente espírito científico, patente no seu próprio conteúdo, que oferece alta compreensão dos problemas do homem e da vida, implicando o valor da "responsabilidade", sempre tocada, porém, das virtudes do amor. E lembramos a extraordinária passagem de Pitágoras quando afirma: "Um Poder Maior vela junto à necessidade".

Essa filosofia, aliás, é também aquela que se revela de "Fonte Maior", cujo ensino nos faz ver, no Universo, o caminho glorioso da ascensão e expansão da Consciência e da Vida através da Forma, visando a um Fim. Este, vemo-lo como se magicamente inserido e imanente na alma das coisas, justificando então afirmar-se, em nós, o conceito, agora já convicção, do *Mérito* ou *Demérito* de cada criatura humana, em face da Cósmica e Inalienável Justiça, que está presente na Grande Lei do Amor, divinamente atuante na Manifestação Universal! Daí, decorre a vigência da chamada Lei do Karma, a que já nos referimos, conforme a qual *segundo é semeado, assim é colhido.*

Então, em cada caso, de enfermidade ou sofrimento qualquer, particularmente de moléstias gravíssimas e, muitas vezes, incuráveis dentro das possibilidades humanas, como paralisias definitivas, deformações aparentemente irreversíveis, etc, será de perguntar-se do *mérito ou demérito* do padecente para recuperar-se plenamente, quando um Poder Maior porventura se apresentasse, esgotadas as impossibilidades humanas normais, e pudesse devolver, à criatura sofredora, perfeita saúde? Quem ou que poder estaria apto a esse Juízo, dentro da ainda fraca contingência humana, em que o próprio sábio, à luz das academias e dos ambientes de institutos mais avançados, só conhece as coisas da mais pobre e pequena esfera do espaço físico em que se encontra, mal entrevendo ou, ainda, suspeitando as realidades dos espaços de níveis vibratórios superiores caracterizados pela substancialidade material e energética de tônicas astral, mental ou espiritual, sobre que vimos tanto falando até aqui?!...

Posto isso, voltando a Jesus de Nazaré, eis Aquele que, por Sua transcendental Realização em âmbitos superiores extraordinariamente sutis, pôde, poderá ou pode exercer aquele Juízo e, em perfeita sintonia com a própria Lei do Universo Moral, essencialmente Espiritual, decidir sobre a cura, a restituição, às vezes quase absolutamente imprevisível, da saúde! Então o "milagre", segundo o pequeno juízo humano! Eis, porém, a aplicação da Grande Lei do Mérito, por quem a conhece e pode exercitar poderes de teor já super-humano! E nas ressureições proclamadas no Evangelho, em que ressalta a felicidade de outro ou outros ligados àquele que ressuscitou, como também nas demais curas extraordinárias, vestindo de alegria incontida os enfermos e seres mais chegados pelo sangue e pelo amor. É de compreender-se, ainda, a *Lei do Karma*, que rege o Mérito, atuando para oferecer estímulos ao amor e à fraternidade dentro da difícil contingência humana! Essa Lei, promovendo o despertar da luz interna, permite que, da vista medíocre do comum dos homens, possa a criatura alçar-se à percepção espiritual da *Verdade Maior*, manifesta em Jesus de Nazaré, segundo o relato Evangélico. E, na verdade, encontram-se seguidamente passagens como esta: "e todos se encheram de grande temor e creram nele". Pela via do espanto, primeiro o respeito, o reconhecimento do poder e então, a *crença confessada*! No fundo da alma, o vislumbre da Luz do Mundo, de que fala o Evangelho (João 1: 4 a 9).

E, agora, como entender a ressureição? À luz do nosso estudo, ou melhor, da teoria que apresentamos, calcada em novo conhecimento da infraestrutura interna do ser humano, afim com os vários níveis de matéria e energia da realidade planetária, o que dizer? Como, nas ressurreições, aplicar a teoria em tela do raio de luz mental, crística, reequilibrando os veículos do homem? Como, nos casos relatados, um Ser da estatura de Jesus de Nazaré, um Mestre Ascensionado em Poder Crístico, pôde atuar em um ou mais daqueles níveis estruturais, removendo as causas das enfermidades e curando?

É de pleno conhecimento que casos de catalepsia profunda têm conduzido a julgar-se morto quem ainda não está! Isso com horas e horas desse estado aparente de ausência de vida!... Sabe-se que casos assim constituem desafio a critérios científicos sobre o juízo da morte: ausência de qualquer indício cardíaco ou cerebral de permanência de vida! Sabe-se que famosos faquires se têm submetido, por horas e horas, a permanecer sem a mínima condição de ambiente de vida: sem espaço, sem oxigênio, sob a mais rigorosa fiscalização! Por outro lado, podemos acrescentar informação de subida valia, de "Fonte Maior", largamente comprovável pelo exercício da verdadeira clarividência, capaz de estender-se ao nível da esfera ou plano mental e, ainda, daquela clarividência mais rara, que atinge os níveis supra mentais, búdico ou crístico. É que, segundo esse ensino assim comprovado, a morte só se dá realmente quando se desprende e se recolhe ao veículo astro-mental o denominado "cordão de prata". Este se liga ao corpo físico humano através do chamado "átomo semente", que mantém em si as potencialidades de criação dos veículos físico, etérico, astral e mental, achando-se posicionado no âmbito do ventrículo cardíaco esquerdo. No exato momento da verdadeira morte, o *átomo semente* se desprende, conduzido na retração daquele cordão, para a intimidade dos veículos superiores. O "átomo semente" de natureza física, assim se denomina por nele residir a básica condição de concentrada energia do impulso criador do futuro veículo físico, quando existe a necessidade, decorrente de Lei, de uma nova vida desse nível mais denso, sempre presente no processo reencarnacional a que está submetida a criatura humana! Então, a clarividente visão crística de Jesus de Nazaré lhe haveria propiciado ver a íntima condição, primeira e básica, da continuação da vida daqueles que fez ressuscitar, na permanência do átomo semente naqueles organismos!...

Percebera, assim, com inteiro domínio e conhecimento profundo da Lei do Karma – regente do mérito de cada criatura doente, amigos e demais presentes – e, também, em face da Sua própria Alta Missão, que seria Seu dever exercer o extraordinário Poder de cura junto àqueles que se encontravam em estado de morte. Nos casos de ressureição, atuando na raiz da própria vitalização de cada veículo, fê-los obedecer ao vórtice encarnacional comandado pela linha mestra do "cordão de prata" e, através do átomo-semente físico superetérico, possibilitou a mágica revitalização do veículo físico já praticamente abandonado. Assim é, assim se fez!... Não importa que, no caso de Lázaro, 3 a 4 dias já se houvessem passado, como afirma o Evangelho! Conforme citamos anteriormente, horas e horas de morte aparente não se têm passado em estranhas catalepsias?!... Como nas experiências decorrentes de incríveis treinamentos de faquires, conforme também referimos?!... O essencial seria o não desprendimento do cordão de prata.

No caso de Lázaro, o *super extraordinário* não se explicaria, assim, em termos maiores, pela própria passagem em que Jesus diz: "Lázaro não está morto. Assim é para que nele seja glorificado o Senhor"?

A condição da experiência de Lázaro, à luz das colocações que temos feito, não estaria inclusive na própria Lei do Karma, que haveria conduzido a um fenômeno de tal magnitude na ambiência missionária de Jesus de Nazaré? É bem claro que devemos considerar, dentro dessa própria Lei, o mérito de Lázaro e o de sua família, como daqueles que, estremecidamente, o amavam!...

A virtude excelsa do Poder super-humano de Jesus, aplicado em casos dessa natureza, dentro da Lei Maior, não poderia incluir-se na estrutura da Teoria da Cura, que vimos expondo? Ao invés do milagre, no sentido da derrogação da Lei, o verdadeiro exercício do Poder *dentro da Lei*, por um Ser verdadeiramente Sábio e Poderoso, superiormente realizado de evoluções passadas, nos magnificentes cenários de possíveis outros mundos planetários, sóis e estrelas deste Universo sem fim! Sim, o Poder de Jesus de Nazaré, não um Deus feito carne, mas um Homem Cristificado, que atingiu o nível praticamente divino, constituindo-se em um paradigma a ser, um dia, realizado pelo homem da nossa humanidade! Aliás, de certa forma, Ele próprio o disse, alimentando vividas esperanças, quando afirmou, aconselhando:

> Sede perfeitos como vosso Pai Celestial é perfeito. (Mateus, 5: 48).
> Não está escrito em vossa Lei, vós sois deuses? (João, 10: 34).

Capítulo XI
Ainda a cura supranormal, paramédica ou "miraculosa"

Por tudo o que acabamos de expor nos dois capítulos precedentes, considerando, de um lado, avanços científicos atuais, do outro lado, ensinamentos provindos de Fonte Maior, verificáveis e, ainda, considerando o depoimento evangélico universalmente consagrado sobre fatos extraordinários do estarrecedor poder demonstrado por Jesus de Nazaré, é que poderemos resumir, afinal, nos vários itens que seguem, a Teoria da Cura Supranormal, Paramédica, "Miraculosa", que anunciamos e de que ora tratamos. Aí se inclui a subjacência de uma teoria ampla, própria à explicação dos fatos da Parapsicologia atual, Psicobiofísica ou Metapsíquica, conforme preferimos denominar, em cujo âmbito se contêm os fenômenos de levitação, materialização, transmutações de elementos, etc... Tais itens pretendem resumir tudo o que escrevemos sobre os assuntos em tela, facilitando ao leitor ajuizar, criticar, aceitar ou não, a Teoria que esboçamos. Vejamos os vários pontos de básico interesse numa ordenação própria à explicação da *cura paramédica transcendental* ou "miraculosa" e dos fenômenos parapsicológicos, psicobiofísicos ou metapsíquicos. Tudo indicará uma nova e maior dimensão da realidade na qual nos inserimos, nós humanos. Vejamos:

1° – O Universo é infinitamente mais rico em níveis de expressão de substância, de matéria e energia do que jamais, segundo os termos científicos universitários, poderíamos supor.

2° – Essa riqueza está presente no sistema solar e, consequentemente, em nossa própria condição de vida planetária, conforme indicamos nos primeiros capítulos deste trabalho.

3° – Planos dessas matérias, permeantes da estrutura planetária, trazem consigo as energias que lhes são imanentes – ou delas irradiantes – que se interpenetram, as mais sutis subjacentes às mais-densas: do nível físico, grosseiro, do magma primitivo, raiz de todo o nosso mundo geológico, os níveis etérico, astral, mental, até os planos supra mentais, búdico, crístico, ou mais além!... Em relação aos planetas do nosso sistema solar ou à Terra, em particular, apresentar-se-iam esses planos como esferas de matéria progressivamente mais sutil-física (abrangente do nível etérico), astral e mental, afirmando-se já nos níveis superiores desse último estado da matéria e da energia. A esfera respectiva se estenderia ao sistema solar, como permeando, em cósmica intimidade, todas as coisas e seres da vida planetário-solar, a que pertencemos.

4° – O ser humano, o homem, possui uma infraestrutura invisível, imperceptível aos sentidos comuns, participante de toda essa hierarquia material-energética, com veículos de cada nível observáveis e possíveis de serem estudados pelo *olhar clarividente*. Aqui, observar-se-ia que a *clarividência* no homem, isto é, a capacidade extra-sensorial de visão livre de espaço, tempo e obstáculos quaisquer, já é um *fato científico* altamente comprovado pela aplicação às experiências dos mais rigorosos métodos estatísticos, dentro, pois, da universalidade de aceitação de critérios matemáticos adotados. Como exemplo, podemos citar trabalhos do Prof. Joseph Bank Rhine e sua escola, bem assim de notáveis outros pesquisadores mundialmente famosos.

5° – Em consequência, um ser humano mais avançado (chamá-lo-íamos um Mestre Ascensionado) conhece tudo isso e, *clarividentemente*, pode estudar e analisar a intimidade de qualquer desses veículos do homem e, num ou noutro, identificar o distúrbio que o faz adoecer, por processos, na verdade, ainda não conhecidos da ciência humana atual. É que, nesse campo, ainda mal desperta ela para aceitar e estudar o *veículo etérico*, com o nome que lhe foi atribuído de corpo bio-plasmático, aceitando o plasmático como um novo estado da matéria, isto é, matéria ionizada super rarefeita.

6° – Em consequência da aquisição pretérita de conhecimentos conducentes a possíveis técnicas operacionais curadoras, um ser de alto "status" espiritual (eis Jesus de Nazaré) teria desenvolvido poder, para nós extraordinário e, a rigor, quase incompreensível, permitindo-lhe atuar em curas surpreendentes, uma vez identificada a raiz da enfermidade na sua verdadeira causa. Então, aplicar-se-ia o provérbio latino: "*Sublata causa tollitur effectus*", que quer dizer "Eliminada a causa, desaparece o efeito".

7° – Pelo que largamente procuramos justificar, invocando a também cientificamente provada ação da mente sobre a matéria física (e, provavelmente, com maior eficiência sobre a dos outros veículos humanos mais sutis), o instrumento superior de ação curadora seria a energia mental. Então, ainda invocando os dados da clarividência em nível superior (mental ou supra mental), dissemos – e aqui reafirmamos – da formação e aplicação de verdadeiros "lasers" de luz-mental, "lasers" de inaudito poder, aplicados extraordinariamente bem por um ser, um avançado Mestre, a exemplo de Jesus de Nazaré, Ser realmente Ascensionado, capaz de operar em nível supra mental, isto é, búdico ou crístico. Seria, então, possível poder análogo exercer-se por parte de todo aquele que tenha atingido altíssimo conhecimento e capacidades dessa natureza, um Adepto que, de "Fonte Maior", sabemos estar sempre impregnado pela cósmica magia da Bondade e do Amor!... Aqueles raios mentais, de *luz mental*, possuiriam, quando o caso, no ato de aplicação, conteúdos e um poder de uma energia supra mental, ainda mais alta, de tônica crístico-espiritual, ainda nem pressentida pela ciência humana atual.

Acabamos de traçar, acima, com referência ao SER Ascensionado, o *perfil essencial*, límpido, de ***Espiritual Brilho***, de Jesus de Nazaré! Eis porque, em termos de uma Ciência Maior, para a qual há de caminhar inexoravelmente a ciência atual, em termos de Poder – a ser alcançado pelo homem de amanhã – foi possível a Jesus de Nazaré curar leprosos, levantar paralíticos, restabelecer equilíbrio psíquico de "endemoniados" ou equivalentes, e até fazer ressurgir da própria morte humana, aqueles que as informações evangélicas proclamam!

8º – Na linha geral da teoria que expomos, cabem casos de cura paranormal da mais variada natureza, das menores às maiores ou vice-versa, desde os "milagres" de Lourdes que referimos, outros quaisquer assim considerados, aqui ou acolá, na história luminosa de alguns santos consagrados em altares das igrejas ou não! Ainda, a imensidade de tantos e tantos outros casos de curas extraordinárias que se processam pelas virtudes anônimas de pessoas humildes, por isso extraordinárias, pois a verdadeira virtude, diz-se, não se reconhece. É que, sabendo orar e viver a fé, mobilizam-se de amor para chegar junto ao sofrimento humano, integradas naquele conselho da Palavra do Excelso Nazareno, quando disse:

> Ide, curai os enfermos, limpai os leprosos, levantai os paralíticos, dai de graça o que de graça receberdes. (Mateus, 10).

9º – As nobres iniciativas humanas e as de caráter transcendental, espiritual, para ajudar junto à dor, uma vez que os planos de vida se entrosam, são afins, formando uma unidade capaz de despertar o interesse do amor de Seres já bem mais avançados que, silenciosamente, auxiliam ou promovem, dos planos mais sutis em que se encontram, a cura visada.

10º – É evidente que Seres já elevados, capazes de curar no nível que estamos considerando, mesmo não tendo ainda atingido culminâncias espirituais, já devem certamente conhecer um grande número de propriedades da matéria e da energia em seus diferentes outros níveis e processos operacionais correspondentes. Daí, também, poderem, fora da cura, promover outros fenômenos de natureza diversa, porém extraordinários. Jesus os demonstrou em grau máximo, transformando água em vinho (transmutação), levitando-se e caminhando sobre as águas, acalmando tempestade, multiplicando pães e peixes por materializações ou transporte transcendental desses alimentos. Entre outros fenômenos por Ele demonstrados, há ainda Sua aparição transfigurado, no monte Tabor, aos Seus discípulos, Sua própria ressureição, aparecendo à Maria Madalena e a Seus dois discípulos na estrada de Emaús, o Seu comparecimento à reunião deles em Jerusalém, provando-lhes a vida ressurrecta e, depois de algum tempo, ascendendo envolto em estranhas nuvens!...

11° – O avanço da ciência no âmbito da Parapsicologia ou Psico-biofísica está conduzindo inexoravelmente, à Realidade de Dimensões outras e superiores do Universo e da Vida! Concluímos, pois, em termos desse próprio avanço científico e das razões de outro teor, que temos referido, que Jesus de Nazaré teria sempre operado, por Seu Excelso Poder e Conhecimento, dessas dimensões Superiores da Realidade!

Tal Realidade Maior, de Dimensões Superiores, está sendo igualmente revelada pela *Presença de Hierarquias Extraplanetárias*, e até *Extrasolares*, entre nós. São Seres também Ascensionados, que nos chegam dos mais remotos sistemas, em viagens incompreensíveis pela pobre dimensão humana, os quais se revelam e são estudados no campo ufológico. E muitos estão conosco com a mensagem de Solidariedade e Universal Fraternidade, vinda de mundos extraordinariamente distantes e já tão adiantados, ante os quais o nosso pensamento se detém, interroga e aguarda!...

Ainda sobre cura supranormal, algumas palavras complementares, agora envolvendo possível ação de seres não humanos, não terráqueos, mas em condições de operar em reforço à cura pela medicina humana. É do nosso próprio feitio convidar o leitor a pensamentos amplos, que se estendam ao infinito, pressionado pela intuição de uma Realidade Maior. Também procuramos posicionar-nos de maneira objetiva e racional, enfatizando a experiência correta do dia a dia do existir. Mister se faz inquirir e observar com muito cuidado, para ajustar, com fundamento indiscutível, os conhecimentos em elaboração e expansão. Procuramos assim fazer até aqui. Por isso, cumpre-nos mostrar algo, para nós de súbita valia, com referência a seres não planetários, isto é, não de nossa humanidade! É que poderia ficar interrogativo o que acabamos de escrever sobre possíveis seres avançados que nos visitam, vindos de ambientes, mundos ou planetas distantes! Poder-se-ia pensar: teoria apenas! Crenças ou atitudes místicas! Havemos de responder que não.

Nos últimos trabalhos que publicamos – *A Parapsicologia e os Discos Voadores* e *Mergulho no Hiperespaço*, tratamos amplamente desse assunto, em termos de objetividade científica e instrução. Todavia, apresentaremos uma das inumeráveis evidências da presença entre nós de *seres não humanos*, no caso demonstrando surpreendente poder de *cura supranormal*. Tem sentido apresentar, aqui, dada a objetividade e *transcendência ao normal*, esse tipo de fenômeno que leva à meditação.

Pessoa de nossa própria casa, a jovem Bernadete Justiniano Gomes, então aos 22 anos, é acometida da incurável moléstia de Chagas, enfermidade pesquisada e sem qualquer cura na maioria dos grandes centros médicos do Brasil e de países mais avançados. Internada a jovem, havia cerca de três meses, no Hospital das Forças Armadas de Brasília – HFA, não encontrava o corpo médico, tratando-a com o mais vivo interesse, meio de controlar a evolução patente da enfermidade para o pior, com sensibilização patológica de vários órgãos. Dilatando-se bastante o coração, fixou a *orientação clínica* uma 4ª feira para a punção cardíaca! Levada no sábado precedente a um encontro previamente assentado com um determinado ser, que se faz considerar extraplanetário, em ambiente de campo, na presença de cerca de oito testemunhas. Eis que todos veem a chegada de uma estranha luz azul, que se põe à distância presumível de 50 metros do grupo, em um ponto bem próximo àquele em que se encontrava o telepata W.G., homem de boa vontade manifesta, certamente preparado para o mister, sendo o mesmo o elemento fundamental, decisivo, por suas condições física, emocional e psicológica, para tal contato!... A enferma é, então, chamada pela voz do telepata que lhe pede para ficar de costas e ela, então, conta:

"Uma voz pediu que eu ficasse de costas e levantasse o braço esquerdo."

Depois disse, mostrando ao seu lado um pequeno bastão:

"Vou lhe impor o conteúdo disso; você vai ficar boa e viver muito tempo".

Segundo o seu relato, foi então que ela sentiu como que um forte arranhão na parte interior da articulação do braço e outro na nuca, ambos com extrema repercussão de dor, alcançando todo o corpo. Logo após, o contato foi encerrado. Na seguinte 4ª feira, ao fazer-se a punção, o coração encontrava-se seco, normal. O eletrocardiograma normal. Na 6ª feira, logo a seguir, 10 dias concedidos para ir para casa. De regresso, obteve "alta", permanecendo até hoje clinicamente curada, quase quatro anos depois!... A enferma de Chagas, em estado muito grave, incontrolável durante mais de três meses em um Hospital de reconhecido valor, passa a trabalhar e estudar, vivendo até agora uma vida normal com o coração controlado! Cura integral da moléstia de Chagas? Não afirmaremos! Cura clínica, sim! Um dado mais objetivo, há bem mais de três anos do ocorrido: continua com eletrocardiograma normal, plena atividade, sem os sintomas cardíacos habituais de tão grave enfermidade![1]... Será esse, ou não, um depoimento sério de alta valia científica, desde que a documentação está aí, insofismável, tranquila?!...

Aqui encerraremos o que decidimos escrever a propósito de curas supranormais, ou "miraculosas", conduzindo o assunto pelo imperativo de referir às extraordinárias ocorrências afirmadas nos relatos evangélicos sobre Jesus de Nazaré, o Cristo Histórico, nos quais se incluem as curas ditas "miraculosas". É que, visando a escrever sobre o Cristo para a Humanidade de Hoje, título deste trabalho, houvemos de rememorar, em largos traços, a singular trajetória da vida de Jesus, o Cristo, salientando os indeléveis marcos de Sua ação, do Seu trabalho de amor e sabedoria nos idos históricos da Palestina. Haveríamos, então, de salientar o *status* surpreendente, até agora inexplicável, do Seu Poder – e o fizemos neste capítulo e nos precedentes – quando tratamos de Suas curas extraordinárias e de alguns outros selecionados fenômenos de natureza diferente, mas cientificamente também inacreditáveis.

Procuramos demonstrar que, hoje, pode toda a narração evangélica a tal respeito ser vista sob nova luz, com largo fundamento nas pesquisas científicas atuais, como em ensinamentos que poderão ser comprovados de "Fonte Maior". Resta-nos, agora, ainda sobre Jesus de Nazaré, o Cristo Histórico, assinalar e enfatizar a essência do Seu ensino espiritual profundo, que a história humana deturpou, apesar de selado

[1] Até hoje, março 2019, tem boa saúde, dois filhos e quatro netos. – Nota do Revisor

com o sacrifício de sangue no Gólgota. Assim o faremos, completando o que importa dizer sobre Jesus de Nazaré, o Cristo então revelado, pois visamos a mostrar, segundo a finalidade deste trabalho, o Cristo atualmente operante em face da humanidade de hoje. Diremos na 2ª e última parte deste livro, como se acha Ele, o Cristo, presente nesta altura do século XX, em incontestável demonstração, no âmbito planetário, de espírito integralmente humano, sem distinção de raça ou cor, "status" social ou político, afirmando Seu mesmo excelso poder missionário para *Difundir e Fazer a Bondade, Exemplificando Fraternidade e Amor*, estimulando a *Busca da Sabedoria*, através de uma Ciência que polarize as elites pensantes da Humanidade! A Sua Presença, promovendo a comunhão entre Irmãos, está a inspirar, no silêncio da mente e do coração, os homens de Governo de Hoje, entre os quais encontramos ainda césares deformados pelo orgulho do superpoder, mas felizmente, também, governantes bem humanos, os quais já se reúnem em respeitáveis assembleias, tentando resolver os problemas genuinamente do homem. Diremos, todavia, ainda, no próximo capítulo, um pouco mais sobre o Cristo Histórico – Jesus de Nazaré, agora no sentido profundo do Seu ensino, procurando mostrá-lo simples e límpido, possuindo aquela marca inconfundível de Amor, Verdade e Eternidade. Trataremos, a seguir, já na segunda parte deste trabalho, dos condicionamentos que vieram traçando o difícil e infeliz caminho humano! Infeliz e perigoso, pelos conteúdos de emoção primária configurando agressivo instinto de poder e busca de glórias humanas, nas quais se encontram sempre densidades passionais e ambições vulgares, que nada dizem do real interesse espiritual da evolução humana; antes, dão mostras sempre presentes de desamor e negação da crística mensagem de Jesus. Assim aconteceu, através da história, julgando-se alguns como privilegiados de estranhos e deformados supostos Poderes Divinos. Tudo ocorreu, como se um Luciférico impulso houvesse condenado a nossa civilização a um anti-cristianismo divisionista e destrutor, sem qualquer justo sentido, perante as mais elevadas aspirações humanas à verdadeira Fraternidade entre irmãos de uma mesma humanidade.

Capítulo XII

Do Cristo histórico, Jesus, seu ensino exotérico e esotérico

Atente o leitor para que não nos será possível aprofundar, com análises próprias ou buscando o respaldo de autoridades na área, o ensino de JESUS, na plenitude de amor e vida que a Sua palavra revelou e o Seu exemplo consagrou, nos idos da Palestina. Havemos de ser breves, sem, porém, deixar de enfatizar a essência daquela mensagem de VIDA, AMOR E SABEDORIA.

Antes de tudo, citaremos as palavras de H. Spencer Lewis, da alta hierarquia da Antiga e Mística Ordem Rosa Cruz – AMORC –, quando, em seu magnífico livro – *A Vida Mística de Jesus* – afirma:

> Trecho algum dos registros da Fraternidade Rosacruz afirma que os milagres de Jesus, ou as magníficas demonstrações do seu poder terapêutico, atraíram tanto a atenção ou trouxeram tanta esperança e felicidade à vida das pessoas, como a sua mensagem... Sua cordial mensagem: '*Vinde* a mim vós que trabalhais e carregais fardos pesados e Eu vos aliviarei', significava mais para as multidões que o ressuscitar dos mortos ou o curar doentes.

É que falava à gente simples das cidades e dos campos, frustrada, triste e oprimida, sem condição de elevar-se e ser feliz, em face da ostensiva discriminação do espúrio poder instalado nas hierarquias do mundo social e político de então. A Sua mensagem nada tinha do que, hoje, encontramos no pensamento escolástico que alimenta a Filosofia de certas ortodoxias cristãs, inspiradas no genial Aristóteles, no qual se "encontrou" até apoio para justificar a escravatura! Gerou-se a mensagem de desespero, como diz Spencer Lewis, a qual afirma haver o homem nascido do *Mal*, do *Pecado*, sendo produto mau, pecador, afastado do reino dos céus, ao qual só retornaria pela graça de futura salvação! Salvação que só seria possível segundo caminhos de arrependimento e sofrimentos, caminhos nem sempre seguros de justificadas esperanças. Daí o desespero, as incertezas e, afinal, o "ilogismo" visto pelo homem mais avançado dos nossos dias, incapaz de compreender tal "drama cósmico" promovido por uma suposta possível "Ira Divina"! Sim, "Ira" que se satisfaria paradoxalmente com o sacrifício do próprio Filho Divino, Unigênito, Salvador e Redentor! Nada disso, a sua Palavra foi e é diferente. Enche de vivida esperança, quando afirma a interioridade divina da criatura humana; palavras que já, antes, relembramos e, aqui, enfatizamos:

> Não está escrito na Lei, vós sois deuses? (João, 10:34). Sede perfeitos como vosso Pai Celestial é perfeito. (Mateus, 5:48).

Considerando, apenas, essas duas passagens, fica evidente exatamente o oposto da condição íntima de "Maldade e de Pecado" para a natureza humana. E, esse sentido de espiritual ascese à perfeição divina, não estaria sempre posto como um farol de esperança para a alma humana? E, mais ainda, a palavra e o exemplo de Jesus não teriam mostrado porventura o que *Fazer* o ser humano no sentido da realização daquela divina esperança? Que significaria ela se não perlustrar o caminho da solicitude, da compreensão e do amor junto à necessidade humana? O caminho do ensino da Fraternidade Plena entre os filhos do mesmo Pai, do mesmo Poder Criador? Não havia sido dito:

"Aquele que deseje ser Senhor, antes de mais nada há de aprender a servir"? (Mateus, 10: 43 a 45). Não está escrito nos Evangelhos:

> Ide, curai os enfermos, limpai os leprosos, levantai os paralíticos, dai de graça o que de graça recebestes? (Mateus, 10: 8).

Em outras palavras, não estarão aí os conselhos para o *Fazer*, para o *Servir*, que se encontram em vários tons e no profundo significado de Sua Palavra? Na verdade, a Sua Palavra não é a Palavra do Divino Mestre dos idos da Palestina?

"Se tiverdes fé, fareis tudo o que Eu faço e mais ainda".

E mais, em solene promessa de amor, visando ao divino serviço:

> Onde duas ou mais pessoas se acharem reunidas em Meu nome, aí estarei. (Mateus, 18: 20).

Essas Palavras que acabamos de citar, são todas de estímulo, de conselho e esperança no auxílio que daria Jesus àquelas criaturas que se solidarizassem em união, de trabalho e serviço em Seu nome! Que dúvida poderá existir, também, quando Jesus disse ao homem ignorante e sofredor daquele tempo – o mesmo homem, depois de 2.000 anos, ignorante e sofredor de hoje – como que se referindo à porta da "Celeste Morada" (?):

> Batei e abrir-se-vos-á, pedi e dar-se-vos-á, porque o Pai que está no Céu não dá uma pedra ao filho que lhe pedir pão! (Mateus, 7: 7 a 11).

Que dúvida ainda resta sobre as sublimes esperanças que anunciava, quando se sabe de Sua palavra, junto às ansiedades e incertezas humanas:

> Não fiqueis aflitos pelo que ides beber, comer ou vestir. Vede: os lírios do campo não tecem nem fiam, mas nem Salomão, no esplendor da sua glória, se vestiu como essas florezinhas do campo! Procurai, antes de tudo, o reino de Deus e a Sua justiça e tudo mais se vos será acrescentado! (Mateus, 25: 25 a 34).

Para sustentar no sofrimento, mantendo a criatura humana forte na fé e na compreensão da difícil experiência do viver, diz até de Sua própria condição, em linguagem poética, porém incisiva:

> As raposas têm covis, as aves do céu têm pouso, mas o Filho do Homem não tem onde repousar a cabeça. (Mateus, 8: 20).

E o complemento, afinal, da sua palavra exotérica no sentido do valor da caridade pura, quando afirma:

"Na caridade se resumem todas as leis de todos os profetas!".

Eis o básico para o "Fazer" humano na busca da União Espiritual em Deus, pela atividade, pela ação! Tal a valia, o significado profundo do ensino da Caridade, segundo Jesus de Nazaré, que o grande apóstolo dos gentios, Paulo de Tarso, na sua Epístola aos Coríntios, Capítulo 13, assim, extraordinariamente, lhe destaca o relevo, o intrínseco e divino valor:

> Ainda que eu falasse a língua dos homens e dos anjos e não tivesse caridade seria como o metal que soa ou como o sino que tine.
>
> E ainda que tivesse o dom da profecia e conhecesse todos os mistérios e toda a ciência e, ainda, se tivesse toda a fé, de maneira tal que transportasse os montes, mas não tivesse caridade, nada seria.
>
> E ainda que distribuísse a minha fortuna para sustento dos pobres e ainda que entregasse meu corpo para ser queimado e não tivesse caridade, nada disso se aproveitaria.
>
> A caridade é sofredora, é benigna; a caridade não é invejosa; a caridade não trata com leviandade; não se ensoberbece.
>
> Não se porta com indecência, não busca os seus interesses; não se irrita, não suspeita mal.
>
> Não folga com injustiça, mas folga com a verdade.
>
> Tudo sofre, tudo crê, tudo suporta.
>
> Agora, pois, permanecem a fé, a esperança, e a caridade, essas três, mas a maior delas é a caridade.

No magistral sermão da montanha se acha, nítida, forte, muito clara, a palavra exotérica do ensino de Jesus, não obstante o sentido também esotérico, puramente espiritual, presente em grande parte, se não totalidade, de suas sentenças. O espírito da caridade, que São Paulo tanto enaltece, no sentido de reger a vida humana, ali se encontra nítido e imperativo:

> Porque aquele que pede, recebe; e o que busca encontra e ao que bate à porta, se lhe abre.
>
> E qual dentre vós é o homem que, pedindo-lhe pão o

> seu filho, lhe dará uma pedra?
> E pedindo-lhe peixe, lhe dará uma serpente?
> Se vós, pois, sendo maus, sabeis dar boas coisas a vossos filhos, quanto mais vosso Pai que está nos céus dará bens aos que filhos que Lhe pedirem.
> Portanto, tudo o que vós quereis que os homens façam, fazei-lhes também vós, porque esta é a Lei e os profetas. (Mateus, 7: 7 a 11).

E, ainda, no mesmo *Sermão da Montanha*, de inaudita riqueza de conhecimento psicológico em relação à natureza humana, culminante em extraordinária afirmação do Universo Moral, ao mesmo tempo em que traça marcantes normas para o viver, o Seu Ensino se mostra límpido, próprio, impressionante, verdadeiro, para a conjuntura da vida comum:

> E porque reparas tu o argueiro que está no olho de teu irmão e não vês a trave que está nos teus.
> Ou, como dirás a teu irmão: deixa-me tirar o argueiro de teu olho, estando uma trave no teu?
> Hipócrita, tira primeiro a trave de teu olho e então cuidarás em tirar o argueiro do olho de teu irmão.
> Ainda que poucas e simbólicas palavras, a maravilhosa filosofia prática, no conteúdo do ensino e da advertência:
> Não deis aos cães as coisas santas, nem deiteis aos porcos as vossas pérolas; que não aconteça que as pisem com os pés e, voltando-se, vos destruam. (Mateus, 8: 3 a 6).

Conselho profundo, de imenso valor psicológico, prático, ensinando senso de oportunidade até para falar, dizer das coisas altas do espírito. Na verdade, a conjuntura em que todos nós vivemos, desde aqueles idos da Palestina até agora, adverte para as deformações interpretativas das palavras, mesmo que pronunciadas com sabedoria e amor, valia que se não reconhece quando não há "ouvido para ouvir", "olhos para ver", coração e mente ajustável aos valores espirituais da Grande e Crística Mensagem.

E a filosofia moral dos textos que seguem:

> Ouvistes que foi dito: amarás ao teu próximo e aborrecerás o teu inimigo.

> Eu, porém, vos digo: amai a vossos inimigos, bendizei os que maldizem, fazei bem aos que vos odeiam, orai pelos que vos maltratam e vos perseguem.
> Para que sejais filho de Vosso Pai que está nos céus, porque faz com que o seu sol se levante sobre maus e bons e a chuva desça sobre os justos e injustos. Pois se amardes os que vos amam, que galardão havereis? Não fazem os publicanos o mesmo? E se saudardes unicamente aos nossos irmãos, que fazeis demais? Não fazem os publicanos também assim? Sede vós, pois, perfeitos, como é perfeito o vosso Pai que está nos céus. (Mateus, 5: 43 a 48).

Pensamos já haver referido bastante da palavra evangélica, resumindo ensino de filosofia de vida prática, para o *Fazer Humano*, em termos de excepcional valia, em face de sua consagração efetiva, pelo exemplo, vida e sacrifício de Jesus de Nazaré. Na verdade, nas citações até aqui feitas, está o ensinamento claro, ostensivo para o homem, dando-lhe condição de orientar-se pela Palavra, Conselho e Advertência pronunciada e vivida no dia a dia da divina peregrinação de amor do Ascensionado Mestre-Jesus, o Cristo. Subjacente, porém, às referidas citações evangélicas e presente e claro em outras tantas passagens de Sua Palavra e do Seu Viver, encontraremos o ensino esotérico, a mensagem para o mundo interno, límpida, simples e profunda. Essa mensagem é a mesma que, hoje, sob a magia da Sua invisível presença atuante e forte, renasce banhada de divinas claridades nos apelos que chegam do silêncio das escolas iniciáticas e desce das alturas himalaicas do espírito, no sentido de SERVIR ao homem do nosso tempo. Na linha, pois, da orientação que nos traçamos, diremos um pouco desse lado esotérico da PALAVRA de Jesus, selecionando e apontando algumas passagens evangélicas de entendimento claro, quanto ao significado profundo que encerram, em relação ao valor espiritual e destino da criatura humana.

Na verdade, conforme vimos indicando, este trabalho não comporta filigranas interpretativas, mesmo que as pudéssemos apresentar de subido valor. Não visa, outrossim, a profundidades maiores de investigações históricas ou esotéricas, que dessas não nos julgamos capazes, mesmo porque jamais constituiu tônica de qualquer dos nossos estudos, a intensificação de pesquisas exegéticas, por mais dignas e importantes que possam ser. Se, porém, a algum ponto positivo chegamos ou chegarmos porventura nesse sentido, isso, certamente, deveremos atribuir a fluxos intuicionais espontâneos ou buscados, que nos hajam visitado, quando humilde e ansiosamente prosternados, ante a Palavra de Silencioso Ensino do nosso amado Mestre.

Na verdade, ao escrevermos sobre o ensino esotérico de Jesus, haveríamos de ser necessariamente extensos, que seu Evangelho, em si próprio, é intrinsecamente cósmico, possuindo acentos de espírito em cada palavra, em cada sentença, só revelados àqueles que se acham à beira do despertar interno, os que já deixaram a condição dos que "têm olhos e não veem, ouvidos e não ouvem", até mesmo o ensino externo da palavra e não aprendem pelo exemplo!

Há, diz a palavra esotérica, ao longo do existir do homem, nos percalços da humana jornada, ora com sofrimentos e dor, ora com eufóricas vitórias, um momento em que o sentido, a sensibilidade do espiritual desponta e se afirma à percepção da criatura humana, como uma pequena luz que se acende e, esta, diz o Mestre, assinala o início do "Caminho". À medida em que a criatura vai seguindo, cultivando amor e se enriquecendo de sabedoria, aquela luz vai se intensificando, o seu brilho cresce e cresce e "quando ela chega ao fim da senda, aquela Luz se transforma em Luz Infinita".

Assim, a partir desse momento, é possível aquilatar, compreender e viver, em abundância de Luz, o ensino esotérico ministrado por Jesus, na contemplação e realização de um novo mundo que a Sua Palavra proclama!...

> Disse-lhe, pois, a mulher samaritana:
> "Como sendo tu judeu, pedes de beber a mim que sou mulher samaritana? (Por que os judeus não se comunicavam com os samaritanos)."
> Jesus lhe respondeu:
> "Se tu conheceres o dom de Deus e quem é O que te diz: dá-me de beber, tu lhe pedirás e Ele te daria água viva".
> Disse a mulher:

> "Tu não tens com que a tirar e o poço é fundo: onde pois tens a água viva? És tu maior que o nosso pai Jacob que nos deu o poço, bebendo ele próprio dele e os seus filhos e seu gado?"
> Em resposta, Jesus lhe disse:
> "Qualquer que beber dessa água voltará a ter sede; mas aquele que beber da água que Eu lhe der nunca mais terá sede, porque a água que eu lhe der se fará nele uma fonte d'água que salta para a vida eterna".

E mais adiante:

> Mas a hora vem, e agora é que os verdadeiros adoradores adorarão o Pai, em espírito e verdade... (João, 4: 9 a 14 e 23/24)

Nessas passagens, é evidente que só o lado esotérico conta, isto é, nada há de objetivo, de exemplo no fazer e até mesmo no pensar. Há um apelo a uma intuição superior, em que implícito se encontra o sentido sutil da sede de verdade, que a água viva saciaria, de impulso para nível mais alto na mente e na intuição, como apontando um fluxo espiritual que adviria do próprio Jesus. Sua excelsa Personalidade, capaz de despertar, na mulher – ali representando a humanidade – o sentido do Divino, que Ele, o Divino-Mestre, adiante acentua e consagra, quando afirma "Deus é espírito; e importa que os seus adoradores o adorem em espírito e em verdade". (João, 4: 23/24)

Até hoje, neste fim de século XX, o esoterismo dessa Palavra está presente no homem, e a água viva, sobre a qual Ele falou que saltaria para a eternidade, está aí, oferecida à humanidade, significando *amor* e *vida*.

Demais, o que será "adorar em espírito e verdade", se não mergulhar no "ignoto" do mundo interno e ali fazer eclodir e brilhar aquela luz que ilumina a senda e faz intuir a Potência Criadora, que Jesus simplesmente chama de Pai? Só, então, nesse mundo não externo, nada fugidio, em que se encontra a essência espiritual daquele Cristo Místico, que anteriormente apreciamos, é que poderia a criatura humana beber daquela água viva e pura de amor, compreendendo, enfim, o sentido da adoração "em espírito e verdade", a qual confere ao homem aquela virtude também assinalada por Jesus de identificação do ser humano com a sua crística ou divina natureza, saltando, então, para a eternidade!...

Pois não está escrito na Lei:

> Vós sois deuses... (João, 10: 34).

E, também, aquela viva esperança:

> Sede perfeito, como vosso Pai é perfeito. (Mateus, 5: 48)

Passagens essas, que já citamos quando enfatizamos a essencialidade divina do ser humano e que, agora, pode justificar a palavra de São Paulo, um realizado da crística interioridade, quando afirma:

> Não sou eu que vivo. É o Cristo que vive em mim. (São Paulo, Epístola aos Gálatas, 2: 20).

No espírito dessa busca, ou melhor, tentativa de selecionar passagens evangélicas em que ressalta o esotérico do ensino de Jesus, encontramos, em Lucas 17: 48:

> Quem quer que procurar salvar a sua vida, perdê-la-á e qualquer que a perder, salvá-la-á.

Aliás, essa mesma passagem, em outro ponto da narração evangélica, assim se encontra, de forma sucinta:

> Aquele que se perder achar-se-á.

Essas palavras do ensino possuem um tom de vida interior, que o sentido do homem comum está bem longe de apreender. Na verdade, que significará, para a compreensão do homem vulgar, perder a vida, salvando-a ou, procurando salvá-la, a perde? Então, estaria aí o conselho para desprezar a vida ou entregar-se à indiferença do existir, para incompreensivelmente, deixar de perdê-la? Ou, então, o conselho para, contraditoriamente, perdê-la para tê-la salva? Onde, aí, o verdadeiro ensino do Excelso Mestre? Que entender de Suas próprias palavras, da natureza desse ensino? É que se encontra, nele, uma instrução maior velada à superfície da compreensão vulgar. Um ensino esotérico, profundo, sobre a essência, a realidade interna e eterna da criatura humana, aquela "Vida" que não é a da pessoa, ostensiva, dinâmica e operante externamente no conviver humano, mas, sim, aquela que é realidade nos planos sutis, em cujas alturas maiores se encontra o centro monádico que identifica a criatura com o divino permeante do próprio Universo. Aquele centro onde mora a virtude da consciência, que se constitui em uma unidade e faz o homem perguntar a si mesmo e buscar realizar-se, expandir-se à cósmica consciência da intimidade da Vida Universal.

A vida, então, que se salva, é aquela que se revigora, se amplia e se purifica quando, pouco a pouco, a vida efêmera da personalidade emocional e intelectual, cumprido o seu papel no âmbito das experiências de nível mais denso, se esvai e se perde.

Por outro lado, a luta permanente, a porfia sem trégua para salvar e revigorar as contingências vivenciais do homem vulgar, dos confortos efêmeros e paixões/ambições comuns e do intelectualismo superficial, que marca apenas um conhecimento efêmero da vida, a serviço de instintos primários de domínio e glórias passageiras, essa luta, esses esforços, levam apenas à perda, ao apagar-se da Luz daquela Vida Maior, que o próprio Jesus desejou enfatizar, dizendo Dele próprio:

> Eu Sou a Luz do Mundo, e aquele que vier a Mim, jamais perecerá na obscuridade. (João, 8: 12).

Aí, então, nas lutas e incertezas do viver das paixões presentes no caminho do homem comum, aquela Vida Maior perder-se-ia no jogo do efêmero, do fugidio.

Não estará aí, então, velado ao homem da vulgaridade humana, o esotérico ensino sobre a Vida Interna, que realizam em plenitude os Seres Ascensionados da vida planetária? Não estará aí uma palavra de estímulo, ensino e esperança para o homem que desperta e não mais se ilude com o culto da pessoa e olha e vê o caminho de que Jesus disse:

"Eu Sou o Caminho, a Verdade e a Vida"? Ou, como renomados exegetas preferem: "Eu sou o caminho da Verdade e da Vida"?

Há, na vida ostensiva de Jesus, uma passagem muito simples que jamais vimos enfatizada em seu sentido profundo. Aquela que assim se encontra em Mateus:

> E falando Ele ainda à multidão, eis que estavam, fora, sua mãe e seus irmãos, pretendendo falar-lhe.
> E disse-Lhe alguém:
> "Eis que estão ali fora tua mãe e teus irmãos, que querem falar-te".
> Porém, Ele respondendo disse ao que lhe falara:
> "Quem é minha mãe? E quem são meus irmãos?"
> E estendendo a mão para seus discípulos, disse:
> "Eis aqui minha mãe e meus irmãos. Porque qualquer que fizer a vontade do meu Pai que está nos céus, este é meu irmão, irmã ou mãe". (Mateus, 12: 49, 50).

Nunca o sentido do universal, da cósmica condição da criatura humana, em intrínseca, divina e infinita abrangência, mostrou tanta objetividade e super-humana grandeza! Na verdade, jamais o ser humano, na contingência da sua condição biológica, emocional e psíquica, se poria em tal liberdade e altura, com relação aos vulgares e justamente encarecidos laços de família. Em poucas palavras, Jesus de Nazaré marca vivamente a transcendência de Sua Palavra, do Seu Ensino, com exemplo espontâneo e oportuno, indicando a suprema primazia da condição espiritual interna da criatura humana, aqui colocada no seio de uma família, para a contingência experiencial de cada uma, aproximadas pelo sangue para as lidas do viver comum.

Apelando, com esse ensino, ao homem eterno, acentua-lhe o sentido de valor que escapa ao imediato do ambiente da vida comum, para enaltecer-lhe a glória da Sua própria valia, que se encontra na vivência da mensagem de fraternal amor, acima de qualquer condição de denso existir humano. Será, então, para dizer-se:

> Quem tem ouvido de ouvir, ouça; quem tem olhos de ver, veja. (Ezequiel, 12: 2 e Marcos, 8: 18).

E, então, naquelas palavras tão simples, ouvir-se-á e ver-se-á o significado esotérico, isto é, não externo, vulgar, que mostraria em Jesus um filho sem amor filial, em desiquilíbrio de sentimentos, fechado a esse amor, que ora tanto enaltecemos em relação às próprias famílias, aos nossos irmãos! O significado esotérico que desejamos ressaltar, se vivido pela Humanidade em termos de compreensão de que o Poder Criador identificou as criaturas, umas às outras, pela magia do espírito que permeia toda a vida e que a Lei do Amor – que lhe é subjacente – faz a todos, como disse Jesus, verdadeiros irmãos. Esse mesmo significado, um tanto velado que seja, mas operante, seria suficiente para, informando verdadeiramente os Conselhos Mundiais, os Governos, transformar a face triste e perigosa e um tanto satânica da nossa civilização! Na verdade, que mais seria preciso para o entendimento entre os homens do que viver a certeza de sua real e cósmica irmandade?!...

Está escrito:

> Em verdade, em verdade, vos digo que se não vos tornardes como as crianças, não entrareis no reino dos céus. (Mateus, 18: 3).

Vendo a criança em sua crística condição interna, isto é, o ser que desabrocha para a vida com aquela divina interioridade, que transcende a influxos religiosos quaisquer, a débil criatura vivendo a inconsciência que os poderes angélicos sustentam, Jesus de Nazaré parece haver querido traçar a meta do evolver humano. Ou seja, o homem, quando atingir a plena consciência de que é o verdadeiro titular dos seus próprios méritos, representados por aquela pureza, ajustamento à Lei, aquele pacto definitivo, claro e puro com o amor fraterno, feito de solidariedade e compreensão, se tornará comparável, sob vistas angélicas, à alma das crianças!...

Daí, a PALAVRA de Jesus, o Seu Ensino que traduz bem a Verdade, enaltecida em belíssima passagem do Professor Hubert Rohden, que nos permitimos aqui reproduzir, do seu magnífico livro *Filosofia Cósmica do Evangelho*:

> Se a semente de uma planta no fundo da terra não fosse essencialmente "solar", jamais ia reagir ao silencioso convite dos raios solares de fora; se de fato brota ao encontro do sol, em virtude desse misterioso apelo solar de fora, prova é de que a semente é essencialmente solar. A alma da planta é filha da luz solar e por isto pode responder ao convite de sua luminosa mãe. Se a alma humana não fosse intrinsecamente crística, não poderia cristificar-se!...

Jesus sabia que toda alma é essencialmente crística, por isso disse dos que realizassem a inocência e a pureza das crianças:

"Das crianças é o Reino dos Céus".

Com as passagens em que procuramos destacar o ensino esotérico de Jesus, supomos haver indicado o suficiente, para os fins deste pequeno livro, com relação ao aspecto velado da sua PALAVRA. Na verdade, anteriormente, já havíamos referido outras tantas passagens, possuindo tônica de ensino esotérico, particularmente aquelas em que afirma, ao mesmo tempo perguntando:

> "Não está escrito na vossa Lei: vós sois deuses?" Ora, que mais esotérico ensino que o afirmar-se o divino da intimidade humana?
> Porque o pão de Deus é aquele que desce do céu e dá vida ao mundo.
> E Jesus lhes disse:
> "Eu sou o pão da vida; aquele que vem a mim não terá fome: e quem crê em mim nunca terá sede". (João, 6: 33 a 35).

Nessa passagem, encontra-se profundo ensinamento esotérico. Que alimento se incorporaria à criatura humana, libertando-a da fome e da sede, tão presentes no viver humano?

Jesus realizou, em si próprio, a plena absorção do crístico alimento, o "pão de Deus" da palavra evangélica – o que confere "Interno e Eterno Espiritual Vigor, o Divino Alimento" – que "desce do céu e dá vida ao mundo". Por isso é que Ele pôde oferecê-lo aos famintos e sequiosos do alimento e da água viva da espiritualidade e que, afinal, estariam dispostos a despertar aos apelos do divino, às realidades maiores do *espírito da Verdade* e da *Vida*! Visto Jesus possuir em abundância aquela água viva que ofereceu à samaritana, disse Ele também, como a encher de esperança a ainda infantil alma humana, prometendo-lhe seguro "salto para a vida eterna", conforme afirmou junto ao poço de Jacob:

> Quem vier a mim pela fé jamais terá sede. (João, 6: 11 a 14).

É de perceber-se e viver a elevação desse ensino: a *água viva* e o *pão de Deus* sustentariam a alma, a criatura humana, ao longo da colossal e difícil caminhada. O "pão de Deus" e a "água viva" da palavra à samaritana conduzirão, afinal, ao Divino Banquete do Amor Divino, simbolicamente presente na Evangélica Mensagem.

Julgamos haver abordado, em profundidade suficiente, o ensino de Jesus, quer exotérico, quer esotérico, com o fim explícito do nosso trabalho sobre o "Cristo para a Humanidade de Hoje". Na verdade, o Cristo Histórico, aqui apresentado em Jesus de Nazaré, é uma síntese da realidade do seu divino mister, em âmbito de plenitude de conhecimento, poder e amor expressos em uma atividade de vida dinâmica e exemplar. Então, na conjuntura do mundo atual, vamos tornar a vê-lo, confirmando, ainda, pela AÇÃO, pelo ENSINO e pela PRESENÇA, a Sua MISSÃO, agora revelada em termos de viva EXPRESSÃO do Seu IMENSO trabalho no Mundo de Hoje.

2ª Parte
O Cristo para a humanidade de hoje

Capítulo XIII
Do Cristo para a humanidade de hoje

O esplendor de luz na vida de Jesus de Nazaré, mais se intensifica na medida em que a experiência humana vem adquirindo a certeza de que foi, exatamente, a subversão da Sua doutrina, a causa de encher-se a humanidade de hoje de sombras, aflições e sofrimentos. Na Sua clarividente visão precognitiva, Jesus já percebera os desequilíbrios futuros da ação humana, sempre conduzida por paixões densas, culminantes em irrefreável instinto de mando, de poder egocêntrico, no homem em si e no impulso de dominação não controlado por parte da Nação ou do Estado. E foi por isso que Ele, verdadeiro missionário junto a humanidade na infância, prometeu a volta, um dia, do Espírito da Verdade, que restabeleceria todas as coisas e ensinaria outras tantas que não puderam ser ensinadas naquele tempo. E, ainda, nesse futuro, esse Espírito da Verdade permaneceria com a humanidade até a consumação dos séculos (diríamos hoje dos ciclos), porém sem que o homem o visse ou conhecesse.

Devemos deixar bem claro que a natureza deste livro não permitirá qualquer desenvolvimento histórico, em que o leitor possa acompanhar – referente à mensagem cristã – com minúcia, as sucessivas fases que foi vivendo, através dos séculos. Diremos, apenas, dos traços marcantes que assinalam a transformação de Sua Palavra, com o passar do tempo, mais usada a serviço do interesse primário de um mundo que Jesus de Nazaré dissera não ser o Seu: o mundo da dominação política temporal calcada em aspirações e tônicas visivelmente anticristãs, não afins com o Seu exemplo, mas análogas, bem semelhantes, identificadas mesmo, àquelas que veementemente condenou, em face dos Potentados da época.

É certo que, ao longo dos séculos, a essência do cristianismo morava em silenciosos claustros, em recintos internos de várias organizações de caráter esotérico que a história assinala, como, por exemplo, a dos gnósticos, a dos maçons e, também, em ordens de caráter ostensivamente religioso, entre as quais destacaríamos a dos Templários, extinta em 1312, e em movimentos como o dos Iluministas, tudo em espírito presente na gênese de Revolução Francesa. Na verdade, esse cristianismo simples, puro e espiritualmente profundo, encontrava-se, quando não na atuação de superfície, jungida à conjuntura do tempo, nos ideais inspiradores dos Conselhos mais altos dessas Ordens ou organizações e na inteligência impulsionadora desses movimentos.

É que, desde os idos do século IV, o cristianismo, por força política sujeita ao Bispo de Roma, religião oficial a partir de Constantino, foi considerado tutelado da Igreja Católica Romana, que assimilou, rapidamente, o gosto do poder temporal, a euforia de um mundo compartilhado com Reis e Imperadores, que se sentiam revigorados com a Santa Doutrina do *Direito Divino dos Reis*. Abriu-se, assim, o caminho da afirmação indiscutível do despotismo, cultivado no conúbio do poder Temporal com o dito Poder Espiritual, centrado em Roma. Poderia ser cristão o fruto de tal mistura, de tal ajuntamento? Quando Jesus afirmara: "a César, o que é de César, a Deus o que é de Deus!"? E acrescentara: "O meu reino não é desse mundo!"... E, ainda, quando subjacente à alma do cristianismo, estaria a palavra de Jesus, afirmando que o sangue da veia dos escravos seria o mesmo sangue que corria na dos príncipes, Reis e Imperadores?!...

Decorreram desse fenômeno, por um lado, a espúria união dos Poderes Temporal e Espiritual, a evolução da criação de estranhos dogmas proclamados em concílios, como o de Nicéa (325 d.C.), estabelecendo superdogmas alheios à Palavra do Excelso Nazareno e, por outro lado, a intensificação da prepotência, culminante no zelo estremado pela defesa desse "status" ideal para os então Senhores do Mundo, Reis, Imperadores, Bispos, ou melhor, Papas Romanos!...

À sombra dessa imensa força de poderes conjugados, os de ordem temporal e os ditos de ordem espiritual, eis o surgimento da Inquisição, que encheu de maldades e crimes alguns séculos da história. Assim, foram conduzidos ao sacrifício, preferencialmente pelo fogo, eminências do espírito e da inteligência que podemos exemplificar em Joana d'Arc, inconfundível missionária espiritual no sentido da libertação da França. Outro exemplo é Giordano Bruno, por pensar, em termos grandes, crísticos, a filosofia de amor, da essência da verdade cristã, que progressivamente se ia eclipsando. Não podemos esquecer o sacrifício pelo fogo a que foi submetido Jacques de Molay no século XIV, Grão-Mestre dos "Templários", quando, extinta essa Ordem, à conta da ambição de Filipe IV – querendo subtrair-lhe as riquezas – e da fraqueza temerosa, um tanto vil, de Clemente V, coparticipe desse triste e inominável acontecimento. E, a propósito, diz Figueiredo Lima, em seu magnífico livro *Os Templários*:

> É que os Templários lutavam pela libertação humana do Poder tirânico dos papas, à sombra do qual crepitavam as fogueiras homicidas!...

Na verdade, encontrava-se ela sob densas nuvens, como imersa, sem rumo, na política profana dos Reis e na política "espiritual" super deformada de uma falsa defesa do Cristianismo, com a agravante da justificativa dessas condenações e mortes: "*Ad Majorem Dei Gloriam*" (para maior glória de Deus)!...

Dentro desse quadro estarrecedor, que nada teve a lucrar mesmo com o advento da Reforma Luterana, onde ressalta a justa contestação do exorbitante poder papal, mas não menos jungida a interesses políticos, participando, outrossim, de perseguições e mortes, tudo indica que um fluxo invisível – mas poderoso, de superior idealismo verdadeiramente cristão – vigente no seio daquelas organizações e movimentos, então suspeitados e perseguidos, foi e continua a ser poderosamente vivificado por aqueles Seres Maiores da Hierarquia Planetária. Velando o destino humano, como atrás indicamos, tornam-se elas verdadeiros instrumentos, canais próprios ao exercício da atuação desses nossos Irmãos Maiores, no sentido de uma "VIRADA" na história, em busca da espiritual realidade que Jesus ensinou e viveu, dignificando a própria VIDA! Todavia, devemos acentuar o importante papel que, apesar de todas as distorções, desempenhou a Igreja, a sua organização e força e que, afinal, constituíram um dos fatos mais importantes de toda a era medieval, como bem ressalta Edward McNall Burns, eminente professor de História em sua *História da Civilização Ocidental*. Além disso, "a influência estabilizadora da Igreja, concorrendo para que nem tudo haja se perdido em consequência do 'naufrágio' consequente à queda e decadência do que havia de positivo no espírito da civilização romana." Diz ainda esse eminente historiador, referindo-se à Igreja:

> Ajudou a civilizar os bárbaros, a estimular os ideais de justiça e a preservar e transmitir a cultura antiga.

Com o passar do tempo, sob constantes ameaças, depois da escura noite medieval, eis a presença e a ação de homens da estatura de um René Descartes, gênio filosófico, eminentemente matemático, sem dúvida um missionário da inteligência humana, anunciando e demonstrando o valor da RAZÃO, do PENSAMENTO HUMANO, de sua capacidade para conhecer diretamente, pelas virtudes da mente abstrata, sem falsos ensinos ou conselhos, a natureza, a OBRA DE DEUS. Mais ainda, um Francis Bacon, pioneiro incontestável do objetivismo científico que haveria de vir, antecipando-se na demonstração da plena necessidade do caminho da investigação orgânica, densa, sistemática dos fenômenos naturais. Daí, induzir-se-ia a Lei, isto é, a expressão condensada das relações de Causas e Efeitos sucessivos ou Ações e Reações operantes na coexistência dos próprios fenômenos, ocorrentes em meio às energias, coisas e seres da manifestação universal! Também, por esse tempo, à altura do século XVI, encontramos a extraordinária antecipação dos novos tempos, na imensa altura de inteligência de um Michel Montaigne, que já afirmava não se poder alcançar Deus pelo conhecimento, acrescentando que as conclusões da razão são, às vezes, falazes e que os sentidos enganam! Assim é que ensinava Montaigne:

> Quanto mais depressa se convencerem de que não há certeza de nada, mais oportunidades terão de escapar à tirania que nasce da superstição e do fanatismo.

E, para adiante, outros grandes pensadores da Filosofia e da Ciência que se sucederam: Galileu, Copérnico, Newton, Leibniz, Spinoza, os gigantes intelectuais do Enciclopedismo francês, entre os quais citaremos Condorcet e tantas peregrinas inteligências missionárias que se projetaram na história, com vista a um mundo novo, à forma de um Montesquieu, Voltaire e Jean Jacques Rousseau!

Todos esses eminentes vultos – e tantos outros, que seria demasiado enumerar – no silêncio de suas inteligências de escol e em sábia atuação, trabalhavam, até sem disso se conscientizarem, paralelamente de forma paradoxalmente convergente, segundo o mesmo ideal. Em verdade, somaram-se àquelas instituições que mencionamos – eminente e intrinsecamente cristãs – e passaram, todos, a operar e agir no sentido político das transformações necessárias. Daí, com a preparação e o advento da Revolução Francesa, apesar das misérias perpetradas, do excesso de sangue derramado pela guilhotina impiedosa, a serviço da insensatez e da paixão, o afirmar-se para a posteridade o princípio da nobreza do homem em si. Então, o vemos dignificado pela evidência da coragem e da decisão de viver a Lei; ser livre, reconhecendo o direito de cada um à liberdade; ser fraterno, sem cuidar de títulos nobiliárquicos, de falsas e de enganosas origens; afinal, um dia do futuro, irmãos, vivendo a Palavra do Filho do Homem!

Voltando ainda um pouco atrás, à escura noite e, mesmo depois, durante as tintas indefinidas do pálido amanhecer, é de espantar ver-se o que se passou de abominável, à sombra de subterfúgios enganadores e negadores da Palavra de Jesus. Referimos aos de dogmas alçados, à determinações divinas de bulas papais condenatórias e decisões de Reis, Imperadores e Príncipes, plenas de Desamor, como se um Poder Diabólico animasse sempre a alma de certas realezas vestidas de religião e púrpura, porém densas de ignorância e de maldades! E isso à sombra do legado de chefia de Pedro, o bondoso pescador da Galileia, vivida expressão do espírito cristão de tolerância e amor, compreensão e nobreza! Deixemos, porém, a visão desse negro passado e vejamos as tintas de luz que, à época, começaram a clarear o futuro!...

A Revolução Francesa viria e ficaria como ficou, não há dúvida, na história, como uma estranha consagração coletiva do que se sabe vigorar como necessárias duras experiências, na senda da realização espiritual: *a Lei do Sacrifício*.

Na verdade, o sacrifício dos que ali tombaram ofereceu, ao mundo daquela época – particularmente ao mundo europeu, com suas implicações colonialistas, de mando indiscriminado, sem qualquer dominância moral – a condição nova de que precisava, no sentido de que pudesse alimentar o espírito democrático nascente. Então, expandir-se-ia esse espírito, fortificando, revitalizando, em termos de vida social e política, a Filosofia da Dignidade da Pessoa Humana, que já inspirava a alma da democracia americana, nítida em sua célebre Declaração da Independência de 4 de julho de 1776, cuja filosofia política assim se faz explícita:

> Consideramos como auto evidentes as verdades que afirmam serem todos os homens criados iguais e dotados pelo seu Criador de certos direitos inalienáveis, entre os quais estão a vida, a liberdade e a busca da felicidade. Que para garantir esses direitos são instituídos os governos entre os homens, derivando-se a sua força justa do consentimento dos governados...

Na verdade, como bem salientam o Dr. Wood Grau e o Dr. Richard Hofstater, ambos eminentes professores de História Americana – o primeiro vinculado à George Washington University e o segundo à Columbia University – em trabalho de mútua colaboração, "a Declaração da Independência significou algo muito mais importante e de muito maior alcance que uma simples notícia de separação. As suas ideias inspiravam um fervor da massa pela causa americana, pois instilava, no homem comum, um sentimento de sua importância, inspirava-o para a luta pela liberdade individual, pelo autogoverno e um lugar digno na sociedade".

É bem de ver que o posicionamento filosófico em que se situa este trabalho, jamais permitiria interpretar as fases da evolução do comportamento humano, durante o período apreciado, de Jesus à Revolução Francesa, em termos puros ou dominantes da dialética aplicada à interpretação materialista da história, em cujo âmbito só se veem condicionamentos e causas econômicas, informando e ditando a contingência da vida social e política dos povos. Sem dúvida, essas causas, tão patentes na evolução política europeia e tão ostensivas na gênese e desenvolvimento da democracia americana, se impõem por elas próprias. Na verdade, porém, essas verdadeiras forças, inegavelmente presentes no evolver das sociedades humanas, têm consigo a invisível subjacência da presença operante do homem interno, isto é, da Pessoa Humana e a efetiva crística faúlha. Esta última, se revela, primeiro, na virtude do autoconhecimento, da busca do entendimento do mundo ambiente no passado, no presente e nas perspectivas do futuro e, em segundo lugar, na aspiração a realizar-se espiritualmente, através das próprias experiências materiais de humana existência. Aí, na verdade, está a virtude de um poder que supera a própria contingência primária, egocêntrica, do viver comum em uma sociedade em marcha, dominada, na aparência apenas, pelo *homo economicus*. E essa virtude ou capacidade humana, além de atuar silenciosa e anonimamente, como uma imperativa corrente de aspirações interiores, exteriorizou-se brilhantemente em límpidas inteligências filosóficas e científicas, que traçaram rumos ao sentimento e ao pensamento humanos ao longo do período histórico que estamos referindo, aquele que se encerra nos primórdios do século XIX. Aos luminares da inteligência já apontados, cultores da *Razão*, que agora disputava lugar e luz, destronando crenças religiosas, que vinham alimentando as almas e milhões de criaturas humanas, não poderemos deixar de acrescentar Emanuel Kant, o invulgar, inexcedível gênio da Filosofia, cujo pensamento se tornou ainda dominante durante todo o século XIX. É que ele se ateve, na altitude de sua extraordinária capacidade de pensar com exatidão, mesmo dentro dos padrões da lógica clássica, à crítica da própria RAZÃO. Aconteceu que esta, destruindo a Fé, seria necessário que também fosse analisada nos méritos, no seu intrínseco valor, como bem diz Will Durante, em sua *História da Filosofia*:

> A fé e a esperança religiosas, proclamadas do alto dos cem mil campanários, que se erguiam em toda a Europa, achavam-se tão profundamente enraizados nas instituições sociais e nos corações dos homens, que não lhes seria possível submeterem-se, de pronto, ao *veredictum* hostil da RAZÃO; inevitável era que essa fé e essa esperança, assim condenadas, pusessem em dúvida a competência do juiz e reclamassem, além do exame da religião, o exame da RAZÃO também. Que era essa inteligência que se propunha a destruir, com um silogismo, as crenças a milhares de anos e de milhões de homens? Era ela infalível? Ou era órgão humano semelhante aos demais, com estritos limites assinalados à sua função, ao poder?!

Tal, afinal, veio ser o eminente papel de Kant no âmbito da Filosofia, qual o da crítica da RAZÃO, magistralmente tratada em suas obras "Crítica da RAZÃO PRÁTICA" e "Crítica da RAZÃO PURA", culminando em um "status" filosófico de extraordinária grandeza, de tanta e indiscutível influência, dominante mesmo, no século passado, como já assinalamos.

À par dessa extraordinária especulação no campo do espírito, alimentada pelas filosofias de Locke, Berkeley e Hume, que, de certa forma, como que ofereceram o campo para o exercício da genialidade de Kant, eis que se preparava, de outro lado, o importante advento da Revolução Industrial, com uma evolução afirmativa ao longo do século XIX, criando-se problemas sociais marcantes, cheios de contradições. É que o espírito de lucro e a exploração do trabalho assalariado, flagrantemente se chocavam com aquelas aspirações à vivência cristã que ainda dominavam, a seu modo, segundo as próprias crenças, a ambiência familiar, social e política do mundo daquele tempo.

Sobrevieram, então, no campo do pensamento, Augusto Conte, Hegel e Marx, cada um ao modo dos seus extraordinários gênios, dizendo dos problemas do homem e do seu destino, resultando, afinal, que, com Charles Darwin e seus seguidores, Haeckel, Claude Bernard e tantos outros, o século XIX se afirmasse, em consequência do avanço da ciência, em tônica decisivamente materialista.

Por outro lado, de evolução em evolução, ou involução em involução, a Igreja Romana, pretendendo-se herança definitiva de Jesus de Nazaré, culmina no dogma da Infalibilidade Papal, decretada em 1870. E sem, evidentemente, renunciar ao privilégio da salvação das almas. Tudo isso de um lado. Do outro lado, a ciência. Assim, religião e ciência se defrontavam, o que limitava, em muito, as vistas do espírito humano.

Os campos opostos que se vinham afirmando estranhos e inconciliáveis: um materialismo denso e um espiritualismo interrogativo. Os dois se conjugam na apresentação de uma inexplicável mistura de valores que se negam e não se respeitam, de atuações que raramente somam e sempre se combatem, de aspirações espirituais que se afirmam de um lado, se justificam de outro lado pela ciência, mas nunca se harmonizam para fazerem uma humanidade melhor. Eis, então, guerras, conquistas, colonialismos, opressões, sofrimentos e dor. Afinal, ainda no instante que passa e em ponto grande, lutas e contradições, apesar de todos os disfarces de uma civilização pseudo-cristã, a triste situação do mundo de hoje!... É, para esse mundo atual, que vamos falar sobre o Senhor Cristo, nos termos do propósito deste pequeno livro, segundo as afirmações e perspectivas que se irão apresentando no decorrer desta segunda e última parte do trabalho que nos traçamos.

Capítulo XIV
Dos dias da Palestina ao renascimento espiritual do século XIX

> É que não há neutralidade religiosa: à religião do Deus vivo, opõe-se uma outra, a religião de Satã; em face da religião de Cristo, a religião do Anticristo. O reinado neutro do humanismo, que se quis instalar numa ordem intermediária entre o céu e o inferno, corrompeu-se e, então, se desvendou o abismo superior e o abismo inferior.
> Contra o Deus – Homem, levanta-se, não o homem do reino neutro intermediário, mas o Homem-Deus, o homem que se põe no lugar de Deus. E os dois polos opostos se manifestam, o do ser e o do não ser.
>
> (Nicolau Berdiaef, *Uma Nova Idade Média*)

Chegamos, aqui e agora, à razão inspiradora deste livro, a qual nos conduzirá na apreciação das contingências do viver individual e coletivo do homem de hoje, de qualquer nação ou raça, em face dos problemas de toda ordem que há de enfrentar, dentro de suas limitações ambientais e pessoais, sempre tocado, porém, de aspirações, desejos de realização, sentido de poder e felicidade!

Acorda o século XIX sob auras diferentes! Não mais, necessariamente, o homem comum escravo de corpo e de espírito, em cândida submissão à prepotência e às dignidades presunçosas de poderes herdados: quer na via da política, dos governos, quer na senda espiritual, da religião impositiva e soberana! O homem passou a sentir que poderia respirar e, buscando a si mesmo, em suas capacidades de mente e espírito, tentar caminhar, dando seus próprios passos! É claro que seria necessário ter cuidado no olhar as estrelas, diz a palavra ditada por Iniciados no "Kybalion", para que "a vista, atraída para as alturas, não o deixe ver a lama e os abismos que se abrem, às vezes, ao longo do caminho"!

Na verdade, tudo se estaria passando como se o humanismo, que veio se desenvolvendo e consolidando desde a Renascença, houvesse podido deslocar o centro do Mundo de Deus para o próprio homem. Pelo menos, compartilharia o homem daquela ordem "intermediária entre o céu e a terra", do dizer de Berdiaeff, com o próprio Deus-homem, o governo do destino humano. Essa conjunção de responsabilidade, porém, teria resultado, paradoxalmente, no eminente crescimento do poder do homem daquela ordem intermediária "entre o céu e a terra", até a condição do Homem-Deus da religião satânica, do anticristo, nos termos que citamos daquele notável pensador cristão.

Se nos ativermos a um posicionamento simplista, um tanto sumário, como decorrência natural de convicções dogmáticas ligadas a esse inexorável dualismo, em que se tem a quase obsessão do *bem* e do *mal*, ficaremos nessa linha de pensamento decorrente de um tipo de racionalismo que se desenvolveu a partir de primícias definidas e indiscutíveis, o qual pretende jungir as coisas desse nosso Universo à rigidez de suas deduções. São Tomás de Aquino, nos idos do século XIII, armando-se do imenso valor do pensamento filosófico do grande Aristóteles – que chegou a pontificar no âmbito da disciplina do raciocínio, base do conhecimento – ofereceu ao Cristianismo o conteúdo da Filosofia Escolástica que, afinal, veio a dominar a Teologia Cristã, não obstante a evidente valia da obra de Santo Agostinho, eminentemente tocada dos ensinamentos de Platão. Apesar de ambos geniais, em Agostinho domina o sentido interno de um Cristianismo vivo, que fala silenciosamente à criatura humana em fluxos intuicionais e, em Tomás de Aquino, afirma-se a inteligência que busca e rebusca elementos para um *status* intelectual de escol, o domínio da razão, manifesto com segurança em sua "Suma Teológica", verdadeira Bíblia Filosófica do pensamento ortodoxo católico.

Naqueles idos dos séculos IV e XIII, de Agostinho e Tomás, é evidente, era ainda primária a ciência humana, eminentemente empírica, quase inexistente em face dos avanços atuais, sem quaisquer fundamentos válidos e observações ou experiências que consagrassem o conhecimento das leis da Natureza. Quão diferente dos dados do conhecimento científico que o mundo de hoje oferece?!... Capaz de inspirar e ajustar novas bases para o entendimento, novas linhas de compreensão e afirmação de uma Filosofia diferente para o mundo atual, qual seja, ao mesmo tempo, científica e altamente filosófico-espiritual.

Todavia, aquela genialidade filosófica e, de certa forma, aquele "status" espiritual de Agostinho e Tomás atravessou os séculos, recebendo naturalmente os impactos que o espírito da Renascença, em altas e missionárias inteligências, lhes impôs. É evidente que esse novo espírito se manifesta, muito lúcido e um pouco mais tarde, nas Filosofias de Spinosa, Leibnitz, Kant e tantos outros, dentre os quais os já anteriormente destacados Augusto Conte, Hegel e, afinal, Marx, de extremada contundência contra posicionamentos metafísicos, que o espírito acentuadamente científico do século XIX repelia.

Tudo estaria se passando, a partir do século XIX, como se o espírito humano estivesse se cansando do próprio "espírito", de conceitos demasiado metafísicos, justificativos de uma religiosidade claramente infantil e, por isso mesmo, incapaz de sensibilizar as elites intelectuais, sociais e políticas! Estariam já essas elites bem mais esclarecidas e inquiridoras sobre os reais problemas e interesses, que poderiam e deveriam polarizar e orientar a ação humana. É que, com a evolução das ciências da natureza em todos os campos, desde a astronomia, a mecânica, a física, a química e a própria biologia, educando-se o homem no sentido de uma lógica perfeita que lhe assegurasse o conhecimento, eis que desponta, se eleva e progride a Sociologia como ciência enfatizada por Augusto Conte, estimulada pela dialética de Hegel, para, afinal, através de Fuerbach, chegar – dentro ainda do espírito dialético hegeliano – a Karl Marx, já aí despida plenamente de qualquer conotação idealista, metafísica ou espiritual.

Na verdade, em Karl Marx, as condições materiais e econômicas da existência governam decisivamente todo o processo do evolver humano em qualquer dos campos em que o consideremos, sem excetuar mesmo o âmbito das superestruturas mais elevadas do pensamento e das qualidades maiores que possam informar a nobreza do homem, como sejam as da solidariedade, fraternidade e o próprio amor!

Então, não haverá como fugir à evidência de que, enquanto essas mutações ou evoluções – que já vinham dos albores da Renascença – se processavam, acentuadamente, nos âmbitos da ciência e da filosofia, esta, agora, tomada de manifesto e progressivo sociologismo, uma transformação efetiva e intensa, pelo despertar e avanço tecnológico, começou a operar-se nas próprias condições materiais e econômicas da existência, a qual, na verdade, já vinha se manifestando a partir do período das descobertas. É que, nesse período, se abriram as grandes rotas de navegação estimuladoras do comércio entre as nações, despertando, pela natural cobiça, maiores atividades, nesse sentido, de organizações e governos. Se a isso acrescentarmos que o espírito científico mais objetivo, súbito, conduziu à descoberta da máquina a vapor e, após, à do motor a explosão e, afinal, ao surto das técnicas de utilização da energia elétrica, tudo isso constituindo-se em molas propulsoras do progresso, iremos compreender como o gênio inventivo atuante foi promovendo a revolução industrial. Esta veio se afirmando desde os idos do século passado, continuou neste século e, ainda hoje, prossegue, ao descobrir a utilização de novas fontes de energia, surgindo novos inventos e aperfeiçoamentos culminantes na automação decorrente da cibernética. Dessa forma, passamos a ter um quadro vivo, objetivo e claro da contingência humana atual, em que nos encontramos envolvidos desde o século passado, até os presentes dias deste próprio século XX.

Por um lado, incertezas filosóficas decorrentes do jogo dos contrários: *ortodoxismo* metafísico, decorrente de falsas ou discutíveis primícias ligadas à Causalidade Primeira, onde se encontraria a origem da Criação. Por outro lado, certezas também discutíveis de um materialismo dogmático, criando um manifesto ortodoxismo supostamente científico, tudo isso, experimentando o homem sensíveis avanços e transformações profundas no viver! Em verdade, na primeira posição, um Poder fora do mundo, oprimindo o homem, ditando sanções para os possíveis pecados, com ameaça de sofrimentos e penas que poderiam ser eternas, terrificando, amedrontando a infância humana e inútil para o ser esclarecido que, assim, ficaria sem rumo para o próprio destino. Na segunda posição, uma plena dominância do biológico e do econômico na raiz do social e do político, sem horizonte de esperanças para a abstração de uma sociedade feliz amanhã, sem que a criatura humana, em si própria, pudesse realizar-se em felicidade, convidada a não crer, a não sentir a própria vida como um enriquecimento pessoal e progressivo, real e eterno dela própria, do seu próprio ser em marcha para um destino maior! No 1° caso, o abstrato de um Poder Inexorável fora do mundo, ditando-lhe as regras, para "salvar-se", visando a um hipotético outro mundo melhor, mais perfeito. No 2° caso, o Poder demasiado do mundo, na densidade de um materialismo sem esperanças, sem espírito, para o homem como *indivíduo*, como pessoa integral físio-psíquico-espiritual, com um destino maior nas tônicas que todos nós pressentimos.

Será que a imersão humana na dinâmica passional, mental, social e política dessa segunda posição, intrinsecamente materialista, afastando-se o homem daquela metafísica teológico-transcendental, o estará conduzindo ao NÃO SER, à negação de si mesmo em termos definitivos, inexoráveis e irreversíveis, ao Homem-Deus satânico e, em consequência, irreparável da palavra de Nicolau Berdiaeff? Mostraremos ao longo dos capítulos seguintes, quando tentaremos explicar os fluxos e refluxos das marés que movimentam as experiências ascensionais humanas, em cujo processo de ascensão, cabem, segundo a GRANDE LEI do nosso destino, aparentes quedas e retrocessos, momentos em que novas energias se concentram e aplicam para a retomada da grande CAMINHADA. Estamos, desde bastante tempo, num desses momentos e, hoje, em um grande MOMENTO, em que a CRÍSTICA ENERGIA se faz atuante de todas as formas e por toda a parte, provando, demonstrando a realidade da Presença Operante do Cristo no Mundo de hoje.

Iremos ver a sua EXCELSA Figura de Grande Instrutor, tocada da aura de um extraordinário poder, agindo, segundo a Palavra da Promessa de Jesus, que lembramos no Prólogo deste trabalho, isto é, para "*restabelecer todas as coisas e ensinar outras tantas que ainda não estariam os homens (de então) em condições de compreender*". Mostraremos, outrossim, o Ritmo, segundo o qual a vida opera em todos os níveis, os altos e baixos da vibração energética que se acha na alma dos minerais, das plantas e dos animais, como muito mais alto se encontra na intimidade da alma individual humana e, também, no traçado das evoluções coletivas das nações e das raças!

Esse princípio do Ritmo Universal, que marca a harmonia da cósmica vibração e mora no segredo da própria vida, nos dará condições bem mais adequadas à interpretação dos caminhos humanos, através das civilizações pretéritas, até nós, sem necessitarmos estar apegados a filosofias artificiais peremptas ou às teorias sociológicas sem vista de perspectivas maiores, capazes de dar reais e felizes esperanças à criatura humana!... Em prosseguimento, nos capítulos que seguem, pouco a pouco, iremos mostrando o quadro que se projeta à vista do homem de hoje, no qual se encontra bem clara a multiplicidade construtiva do trabalho do Grande Instrutor do Mundo, o Senhor Cristo Maitreya. Pretendemos, assim, segundo o projeto deste livro, acentuar e enaltecer a Excelsa Figura do Grande Instrutor, do Cristo, em face da humanidade de agora, nessa perigosa transição de ciclos, em que até hecatombes apocalípticas se esperam! Que aconteçam, mas não pensemos nelas, senão nas *Forças Superiores do Bem*, capazes de mobilizarem Energias Espirituais Insuspeitadas e mudar a face de quaisquer possíveis negros acontecimentos! Haveremos, nós homens desta humanidade, de apelar às *Crísticas Potestades* e, de modo algum, concordar, em espírito, com desfechos tenebrosos! Somos, diz o ensino esotérico, Filhos da Luz à Caminho da Luz! Porque, então, afundar-nos nas trevas de desgraças apocalípticas? Pensemos na Crística Luz e aspiremos a vivê-la. Ela virá a nós, ao Coração da Humanidade!

Dando consistência às nossas esperanças, no capítulo que segue, diremos da realidade e estrutura da Grande Fraternidade Branca, para melhor nos situarmos na objetividade de sua presença e atuação, justificando a certeza de que não estamos sós, ao longo da difícil caminhada. E, ainda mais, assim dizendo dessa Augusta Fraternidade, faremos ressaltar o significado da missão do Senhor Cristo, em face dos diferentes Raios de Poder, presentes e operantes em tão alto nível, sob o influxo espiritual de tão Elevados Seres!...

Capítulo XV
Um novo posicionamento em face da vida e do universo – hierarquia planetária

Tal a conjuntura que, sucintamente, procuramos esboçar no capítulo precedente, ao alvorecer, durante o dia e ocaso do Século XIX. Afirmou-se ela em crescente materialismo vigente entre as elites científicas da época e tão avassalante na ambientação social e política, que, tudo indica, a Hierarquia da Fraternidade Branca, sob a magna orientação do seu Supremo Hierarca para Assuntos Espirituais, o Senhor Cristo Maitreya, houve por bem exercer uma atuação própria ao reequilíbrio humano ao nível da ciência, da filosofia e da própria religião, visando certamente a que, na voragem progressiva daquele mecanicismo materialista, não desaparecesse, afinal, o sentido espiritual da vida humana.

Nesta altura, parece-nos justo relembrar o que, já bem antes, dissemos dessa Augusta Fraternidade de seres realizados em estágio super-humano. São seres que, transpostas as cinco primeiras iniciações superiores, ficam ainda, conosco, com a nossa humanidade, por amor ao Espiritual Serviço. Esse estágio corresponde ao domínio dos três planos inferiores da manifestação: físico, astral ou emocional e mental, planos esses que constituem o campo de labor das experiências propriamente humanas, segundo já, também, no início deste trabalho, indicamos.

Então, sobrevieram e estão conosco, consequências daquela decisão da Hierarquia Espiritual Maior, cuja causa de decisão nós, do nível humano, é evidente, não temos qualquer condição de penetrar, se não palidamente inferir, podendo vê-la intensamente demonstrada no mundo de hoje. Podemos conferir, todavia, a essa decisão, a tônica de amor junto à necessidade de uma ação efetiva, que sensibilizasse a criatura humana, visando à fraternidade, ao amor e à espiritualidade. Não é possível, porém, pôr de lado, subestimar, os acentos mais avançados e até puros da Ciência que os Mestres de alto nível daquela Hierarquia Branca tanto valorizam e enaltecem. Na verdade, na linha dessa assistência superior junto à atividade humana, elevados seres da Hierarquia têm a seu cargo auxiliar, estimular, influir, enfim, visando aos avanços do conhecimento humano. Eles estão certos de que a via científica, a do conhecimento, nos termos do desenvolvimento superior da mente, é um dos caminhos – e de suma importância – para a elevação do homem, conducente a aberturas mentais que, pouco a pouco – às vezes, de súbito – permitem a visão espiritual cristificante da criatura humana. O mesmo poderíamos dizer para a via do cultivo da arte e da beleza, da harmonia dos sons e das cores, o qual tem conduzido os grandes artistas da música, da forma e da cor.

No sentido de bem pôr a excelsa Figura do Senhor Maitreya, o Cristo, em face da humanidade atual, dizer do Seu trabalho, de Sua ingente tarefa no mundo de hoje, sem qualquer discriminação mística, devemos, antes de tudo, dizer que, no âmbito da atuação planetária, dois outros Ascensionados Seres, da mesma elevação espiritual, operam com características diferentes, os quais são conhecidos sob as denominações de Manu e de Mahachoan, que se encontram no magnífico livro "Iniciação Humana e Solar" de autoria de Alice Bailey, sob a inspiração do Mestre Djwal Kuhl, o Tibetano.

Ao Manu Vaivasvata cabe zelar pelo trabalho em prol das raças humanas, particularmente, agora, da raça ariana, em cujo seio já atualmente começa a desenvolver-se nos Estados Unidos, Califórnia, a sua 6ª sub-raça, que será, segundo ensinos de Fonte Maior, a raiz de onde surgirá a 6ª GRANDE RAÇA, a 6ª Raça-Mãe, que sucederá a ariana, a qual se desenvolverá no continente sul-americano.

Complementando esta informação sobre tal Ascensionado

Ser, diremos ser ele o chefe do 1° Raio Operacional Planetário, aquele que atua de maneira intrinsecamente definida, qual a de modificar formas peremptas, em um processo de viva dinâmica de transformações e aperfeiçoamentos sucessivos, visando a cada vez mais perfeitas expressões da vida divina.

Ao Mahachoan, outro EXCELSO Ser, que chefia o 3° Raio Operacional Planetário, compete o trato de todos os problemas civilizacionais, no que tange, particularmente, à Inteligência, aí incluindo-se manifestações intuicionais, da ciência, da arte, da harmonia, da beleza e ainda procedimentos de toda ou qualquer outra natureza, que configurem a cultura no formalismo da devoção religiosa e práticas ritualísticas. Há referências a esse EXCELSO SER como o SENHOR da Civilização. Juntamente com as responsabilidades e atividades desses dois Ascensionados Seres, que acabamos de indicar, encontram-se as responsabilidades do Senhor Cristo Maitreya (Bodhisativa), na chefia do 2° Raio Operacional Planetário, Ele, o Ascensionado Ser, cuja figura desejamos aqui enfatizar, como objetivo deste livro, em seu Imenso Trabalho no Mundo de Hoje. Aliás, já dissemos haver Ele se manifestado com límpida plenitude em Jesus de Nazaré, o Cristo Histórico, como denominamos. Agora diremos que, nos dias que correm, continua ainda no desempenho de sua ingente tarefa como GRANDE INSTRUTOR ESPIRITUAL DO MUNDO, visando a que, através de uma multiplicidade imensa de caminhos, a criatura humana venha a realizar-se em sua crística interioridade, na plenificação de um amar sem limites, de uma sabedoria vivida na Lei Maior que governa a manifestação e, afinal, um poder que estimule e marque o valor do trabalho de cada um, em colaboração com o Plano Divino Planetário! É evidente que esses três EXCELSOS Seres, que constituem a SUPREMA CHEFIA HIERÁRQUICA DA GRANDE FRATERNIDADE BRANCA, atuam em estreita união, perfeito entrosamento de capacidades e propósitos, segundo a perspectiva superior que descortinam, em face da alta finalidade da evolução humana.

Destacaremos, tal o objetivo deste livro, daqui por diante, a figura do SENHOR CRISTO, vendo-o em atividade no campo específico de instrução espiritual de nossa humanidade, mas, também, em perfeita união de transcendental esforço e flagrante presença, nos campos afins de atuação dos seus outros IRMÃOS MAIORES, os quais dizem da ciência, da arte e da beleza, como também, até das ortodoxias religiosas limitativas e preconceituosas, para que evoluam e se transformem em instrumentos adequados ao serviço da verdadeira Educação Espiritual Humana.

A título de complementação do que aqui, neste capítulo, fica exposto, apresentaremos, "data vênia", um pequeno quadro indicativo da estrutura operacional da GRANDE FRATERNIDADE BRANCA. Deixamos de lado demais considerações, que informariam sobre a Hierarquia Planetária e Solar, nos níveis superiores ao *status* dessa Grande Fraternidade, para cujo estudo indicaremos o extraordinário livro *Iniciação Humana e Solar* de autoria de Alice A. Bailey, já antes referido.

O leitor atento poderá, todavia, inferir que, nos planos mais altos, se encontram seres ainda mais avançados, instrumentos de Operação Divina no alto nível Solar decorrente da ação dos diferentes Raios de Poder Primário, isto é, do nível cósmico, universal para, em seguida, expressar-se no nível solar. Depois, ainda, no nível planetário, segundo já apresentamos na 1ª parte deste livro, quando tratamos do Raio Crístico, uma das Modalidades de Energia Divina operante nesses vários níveis. Aliás, nesses diversos planos, outras tantas Hierarquias Espirituais operam dentro do planejamento da Manifestação Universal, constituindo, porém, esse assunto, campo absolutamente fora do âmbito deste livro.

Segue-se o quadro, devendo observar-se que o 3° (terceiro) dos três RAIOS OPERACIONAIS PLANETÁRIOS, compreende os 4 (quatro) sub-raios, estes ainda da cósmica supervisão do Mahachoan, o Chefe da Civilização como indicamos. Transcrevemos do livro citado de Alice Bailey:

Hierarquia Planetária

1° Raio Operacional	2° Raio Operacional	3° Raio Operacional
Aspecto Vontade	Aspecto Amor e Sabedoria	Aspecto Inteligência
a) Manu	a) Bodhisativa (O Cristo, o Instrutor do mundo)	b) Mahachohan (O Senhor da Civilização)
c) Mestre Júpter	b) Um Mestre Europeu	c) Mestre Paulo Veneziano
c) Mestre Morya	d) Mestre Kuthumi	(**1° Sub Raio**) Harmonia e Beleza Mestre Serapis
	e) Mestre Djwhal Khul	
	– Quatro graus de iniciados – Vários graus de discípulos – Os que estão no caminho probatório – Humanidade em geral (todos os graus evolutivos)	(**2° Sub Raio**) Pensamento Concreto (Ciência) Mestre Hilarion
		(**3° Sub Raio**) Devocional Mestre Jesus
		(**4° Sub Raio**) Magia Cerimonial Mestre Saint Germain

A apresentação, em linhas gerais, da estrutura da Grande Fraternidade Branca, como acabamos de fazer, vai facilitar expor e fazer compreender, com nitidez, a natureza, o valor e significado das condições operacionais do SENHOR CRISTO, segundo iremos vê-Lo atuando no Mundo de Hoje.

Devemos, apenas, acrescentar que aí não fica um quadro completo, integral, daqueles Seres Maiores, Ascensionados, que compõem a Grande Fraternidade. Apenas constam nomes de alguns Mestres, apresentados nos respectivos raios indicativos de suas tônicas de operação, de trabalho. Muitos e muitos desconhecidos seres, porém desse "status" superior, em corpo denso, etérico, astral ou mental, se acham envolvidos em atividades dos vários campos de interesse da evolução planetária, segundo ensino de "Fonte Maior" e, assim, convivem conosco, com a nossa humanidade e atuam em bem do seu caminhar.

Não são Mestres, pois não aceitam discípulos, mas nem por isso menos operantes na vida planetária, dedicando-se a uma imensa gama de elevadas tarefas.

Desejamos enfatizar, aqui, a atuação harmônica desses vários Raios de Ação, a qual, caracterizando tônicas operacionais próprias, afirma sempre entendimento e sintonia no FAZER, no AGIR. Assim é que não haverá sentido em considerar um Adepto ou Mestre atuando em determinado Raio, indiferente ao trabalho de seu Irmão, que opera em outro qualquer. A condição superior de adeptado confere a cada um desses Ascensionados Seres, o sentido perfeito do Plano de Ação da Grande Fraternidade como um todo, fazendo-os afinar-se, a cada instante, com a atividade global de todos eles. Isso ressaltaremos melhor quando, ao final deste trabalho, indicarmos o Divino Mister do Grande Instrutor do Mundo, o Senhor Cristo Maitreya, tendo Ele o suporte harmônico dos vários Raios: o da dinâmica evolutiva e de transformação das formas superadas de qualquer natureza, o do desenvolvimento científico, o da própria arte, da harmonia e da beleza, o Raio da devoção e o da magia e cerimonial, todas as atividades, enfim, em que culmina a Inteligência do AMOR, visando ao Bem da Evolução Espiritual da Humanidade.

Capítulo XVI
A Grande Fraternidade Branca
O senhor Cristo - Maitreya

> Está escrito: ..."e vos enviará o Espirito de Verdade, que restabelecerá todas as coisas e vos ensinará muitas coisas que agora não podeis entender".
> Para Bossuet, o Infinito permanece alto demais, em cima, e a criatura baixo demais, em baixo. Diremos: o primeiro e grande mérito da Palavra Espírita do século XIX foi e é, como diz Newton de Barros, em magnífico artigo, haver estabelecido "a sequência lógica dos degraus do crescimento espiritual da mente" e, nós acrescentamos, preenchendo, assim, a distância abismal entre aquele "alto demais em cima" e aquele "baixo demais em baixo".

Já dissemos do caráter materialista, mecanicista, dominante durante o Século XIX, quer no âmbito da filosofia, quer, principalmente, nos campos quaisquer do pensamento científico. Visto numa perspectiva global de síntese histórica, consideradas as circunstâncias vivenciais em nível das experiências humanas, como também, apreciados os posicionamentos filosóficos da fase em que uma metafísica transcendentalista sempre veio procurando impor-se, visando ao domínio social e político dos povos, há que se compreender esse materialismo como uma reação, até salutar, àqueles excessos de artificialismo que se encontrava na base das interpretações escolásticas do drama humano. O pêndulo, então, segundo a Lei do Ritmo Universal, passou para o outro lado e, assim, eis-nos na densidade de um cientificismo extremado e forte, sempre afirmado em termos de observações e metódicas experiências de indiscutível valia, para o fortalecimento, ora do Positivismo de Conte, ora da Dialética Marxista, ora, já neste século XX, dos desenvolvimentos filosóficos até certo ponto geniais de Sartre.

Situando-nos, porém, pelos meados do século XIX, já aí, tudo indica, começou a ação intensa, adequada, vinda do Alto e de tônica verdadeiramente cristã, *ao mesmo tempo que científica*, com o advento da Doutrina Espírita, missionariamente codificada por Leon Hippolyte Denizard Rivail, escrevendo sob o pseudônimo de Allan Kardec. Publicou ele em 1858 seu primeiro trabalho – *O Livro dos Espíritos* –, em que se afirmam as bases filosófico-morais de um Cristianismo, que renasce límpido e puro como de Fonte realmente Crística, correspondendo a uma aspiração já então generalizada a uma PALAVRA que se tornasse misto de Ciência, encarando os fatos transcendentais face à face, de Filosofia em alto nível, interpretando-os com acento espiritual claro, objetivo e, afinal, de religião, enchendo de amor, fé e seguras esperanças o coração humano. Tal o Espiritismo que vem do século passado.

Na verdade, assim é o Espiritismo, se apreciado com serena imparcialidade, sem extremos de deformada simpatia, sem qualquer espírito de crendice apressada. Visto na objetividade de sua mensagem, fundamentada no concreto de uma fenomenologia desafiante dos preconceitos materialistas, é de apreciar-se, por outro lado, a excelência dos seus postulados morais e espirituais, absolutamente sintonizados, integrados no ensino dos Evangelhos, que dizem de Jesus de Nazaré. É que, parece, a *Palavra Espírita* marca o início ostensivo de demonstração da presença do "Espírito de Verdade" anunciado nos Evangelhos. Esta presença, hoje o sabemos, de Jesus, o Cristo, operante, apesar de *invisível*, a que nos referimos nas primeiras páginas deste trabalho. Aquele que voltaria em *Espírito de Verdade*, e restabeleceria todas as coisas e ensinaria tantas outras, vêmo-Lo atuante, puro e oportuno, quando, em um ambiente de ciência materialista, afirma outros tipos de ciência em que cabem evidentes conotações espirituais do ser humano, como decorrência natural de uma evolução bio-psíquica, cujo início se perde na noite dos tempos. Essa evolução, naturalmente, preparou o veículo físico do homem, o seu corpo, para que, através da extraordinária multiplicidade de suas possibilidades para viver e experienciar, a essência imortal do espírito, que define o divino no homem, se afirmasse, em perspectivas de subidas realizações. Participaria ele, o homem, então, de um Universo Moral, até hoje apenas pressentido, afirmado *in abstratum*, sem objetivas demonstrações, pelos gênios da Filosofia. Agora, na *Palavra Espírita*, o "abstrato, *imponderável*", antes apenas sonhado, pressentido, faz-se objetiva realidade!

Desenvolveu-se, algum tempo após Kardec, um amplo campo de pesquisa científica culminante na experimentação metapsíquica, hoje chamada parapsicológica ou psico-biofísica, onde vamos encontrar a demonstração contundente, já quase irrecusável, da imortalidade da alma, problema milenar que sempre preocupou a criatura humana! Se aceitarmos mesmo a "dúvida científica" de um Charles Richet, da Sorbonne, sábio que conduziu extraordinárias experiências nesse campo, se lhe admirarmos e aplaudirmos o rigor das análises, como, também, de outros destacados nomes da investigação metapsíquica mundial, desde os idos da segunda metade do século passado e primórdios do atual, como William Crookes, Camille Flammarion, César Lombroso, Frederic Myers, Ernesto Bozzano, etc..., se assim fizermos, mesmo tomados de grandes e persistentes dúvidas, não poderemos deixar de concluir que ao espírito humano se apresenta, em termos densos de um exigente raciocínio científico, a imensa probabilidade – se não a absoluta certeza – de um outro "Plano de Existência" em que persiste a consciência individual humana, tendo a seu serviço a inteligência e a capacidade de fazer, que definiriam o existir em dimensões mais altas. Esse resultado já é algo "muito grande", quando o desespero materialista infesta triunfante e opressor a alma humana! É que, pelo menos, o esforço da inteligência científica encontra um campo diferente de esperanças para, sem jamais renegar as exigências do valor do Conhecimento, aplicar-se a uma investigação tendente a abrir à mente, à aprendizagem humana, uma Realidade Maior, que melhor possa justificar o próprio homem perante si mesmo e o seu cósmico destino!

Na verdade, o acurado estudo dos trabalhos desses grandes sábios, dos referidos e tantos e tantos outros, a partir do Dr. Joseph Bank Rhine, nos mostra essa pesquisa como inclusa no campo dos impulsos, estímulos e motivações que provieram da eclosão definitiva do Espiritismo, em decorrência do seguro e missionário trabalho de Kardec, posto, com magistral simplicidade e grandeza, no conjunto de suas obras. Delas haveremos de destacar, além do *Livro dos Espíritos* já assinalado, o *Livro dos Médiuns*, *Céu e Inferno*, o *Evangelho Segundo o Espiritismo* e *Gênese*. No conjunto, mas particularmente no *Livro dos Espíritos* e no *Evangelho Segundo o Espiritismo*, o aspecto espiritual ressalta com excepcional brilho, ouvindo-se, novamente, a palavra de amor compassiva, operante, compreensiva, bela e serena, apesar de, paradoxalmente, forte e imperativa, de um Instrutor Maior, como se o próprio Jesus de Nazaré, Ele próprio, novamente a estivesse pronunciando. Apela à intimidade "*boa*", crística, do ser humano, jamais intrinsecamente pecadora, segundo a palavra deformada de ortodoxias superadas, cristãs ou não.

Então, vemos renascer, incisivo e forte, o ensino:

– da realidade de Deus e do Cristo-Jesus da Palestina e do mundo;

– da imortalidade da alma, sua preexistência ao nascimento, sua continuidade consciencial definida em vidas sucessivas – a *Reencarnação*, ensinada já por Jesus a Nicodemus e quando mencionou a vinda de Elias (em João Batista) e de Samuel (em João Evangelista), segundo confirma a clarividência do Mestre Hilarion de Monte Nebo, em *Harpas Eternas*.

– da *lei moral*, a lei da plena responsabilidade que se aplica no fluir das experiências humanas, enfatizando-a no sentido de que, em vidas sucessivas, as relações de causa e efeito persistem. A lei do Karma, sempre vigente no ensino de Jesus de Nazaré e contundente ao repreender Pedro por querer usar a espada e, também, aquelas palavras: "assim semeardes, assim colhereis".

Que síntese mais perfeita de uma filosofia orientadora do viver humano, aí, poderia encontrar-se? Além dos ensinamentos ali explícitos, desde os idos do século XIX, constata-se, em relação à Palavra Espírita, a constante pregação da caridade, com letras maiúsculas, aquela virtude de que o próprio Jesus afirmou *resumir todas as leis* e *todos os profetas?!*... Essa pregação vem, em todo esse tempo, estimulando as atividades filantrópicas humanas, a ponto de impressionar os demais Credos Religiosos, fazendo-os reconhecer – e isso muito acentuadamente em nosso país – a amplitude do movimento assistencial de tônica espírita. Essa dinâmica no *Fazer o Bem*, em relação a necessitados de toda ordem, do corpo e do espírito, demonstrada em instituições espíritas desse caráter, bem diz de sua tônica altamente espiritual, dada a certeza da palavra evangélica, quando afirma, em resposta à pergunta sobre a natureza da inspiração ou dos conselhos advindos de seres do mundo mais sutil: "pelo fruto os conhecereis". E que frutos mais puros que o atendimento às necessidades do nosso irmão humano? Não se transformaria a face de nossa triste civilização, se esse proceder dominasse o coração de todos os homens?!... Aliás, cumpre-nos ser sinceros e verdadeiros, ressaltando, aqui, e a propósito do exercício da caridade – do *FAZER O BEM* – a assistência, junto à necessidade humana, da notável obra, também, das instituições religiosas de natureza vária, católicas, luteranas etc..., as quais invocam o Nome, Presença e Palavra de Jesus. São extraordinariamente dedicadas ao *Bem*, ao ter à sua guarda necessitados de toda ordem, crianças, adultos ou idosos, em creches, orfanatos, asilos ou hospitais e escolas! É que, mais uma vez, podemos enfatizar que o espírito de bondade, que leva a atentar para a necessidade, se encontra, no mundo atual, por toda parte, mesmo, nas nações passionalmente conduzidas a conflitos e guerras, subjacente ao viver humano como um todo. É que a vibração atual cósmica, espiritual, do Senhor Cristo, se encontra pairando sobre os ambientes do viver planetário, aqui e ali, por toda a parte, sempre pronta a descobrir canais de expressão em meio ao escuro das paixões humanas, acendendo pontos de luz que mostram a permanente e multiforme atuação do Grande Instrutor no Mundo de Hoje. Eis, sucintamente, de um lado a Ciência, de outro, o *Espírito de Bondade* informando a mente e o coração do homem atual!

Então, do que acabamos de ver, é de concluir-se pela demonstração de um campo, não só de trabalho, como de ciência e estudos em prol da melhoria humana, em que se empenha o Cristo – Jesus no mundo de hoje. Não o faz "à direita" do Deus Pai, segundo a antropomórfica visão primária do Poder Criador, esperando almas para julgamento, nem, também, como Filho Unigênito, único intermediário entre o Homem e Deus! O simbolismo dessa filiação e dessa condição de intermediário, estudá-lo-emos um tanto à frente. Por ora, diremos que a presença e a assistência do Senhor Cristo, constante, inspiradora e atuante no cerne do movimento espírita mundial, estão também, insistimos, em todos os ambientes de bondade e de amor, de todas as religiões do mundo, sejam católicos, protestantes, budistas, muçulmanos ou quaisquer outros. Isso porque, antes de tudo, o Cristo e Senhor é o "Grande Instrutor Espiritual" da Humanidade e, em consequência, não cabe dentro de qualquer rótulo religioso limitativo. Pertence ao coração humano, no que ele tem de essencialmente fraternal, crístico e divino, em termos, pois, universais! Por isso, por toda a parte, entre todos os povos e raças, o Senhor Cristo há que estar presente, onde quer que haja bondade e fraternidade, a estimular o homem de hoje no sentir, no pensar e no FAZER. Por isso, com o amadurecimento intelectual que se vem processando mais intensamente a partir da Renascença, acentuando-se indiscutivelmente durante o século passado, é que houve por bem o Senhor Cristo, em comunhão com seus Irmãos Maiores da Hierarquia Branca, começar a falar, ensinar e exemplificar, em termos abrangentes – também da ciência – além da renovação límpida e clara da Mensagem da Palestina, como igualmente de alguns ensinamentos mais antigos e de outras regiões planetárias, os quais se encontram na raiz de tantos outros credos atuais.

Veremos, nos capítulos seguintes, como a Presença Atuante da Hierarquia da Grande Fraternidade Branca se foi fazendo cada vez mais presente, destacando-se, no âmbito social e espiritual, agora básica e intrinsecamente informado de realizações científicas, a atuação do Cristo no Mundo de

Hoje. É que dissemos que os diferentes Raios Operacionais, segundo os quais se cumpre a magna tarefa daquela Augusta Fraternidade, se harmonizam segundo os mesmos fins. Daí, vermos, conforme acentuaremos adiante, particularmente nos dias deste século, o intenso recrudescimento da atividade científica, mister afeto à suprema orientação do Choan do 5° Raio – Mestre Hilarion. Por outro lado, também, a atividade crescente do Mestre Saint Germain, Choan do 7° Raio – do Cerimonial e da Magia, promovendo o prestígio progressivo das diferentes ordens iniciáticas rosacruzes, essênias, de Yoga e outras tantas dessa natureza! Em verdade, refinam-se os rituais de alta reverência espiritual, próprios a vivências individuais transcendentais ou, então, práticas sutis e técnicas de elevada magia, destinadas ao exercício de forças e energias superiores, a bem do futuro humano. As atividades da ação desses dois Raios do Poder, tudo indica, se acham em conjugação com o trabalho do Cristo, do Grande Instrutor do Mundo, como a revigorar-Lhe a ação nestes tempos de intelectualismo, mas também, de apelo ao despertar espiritual deste fim de ciclo! Mostraremos que não cabe mais, no espírito dos tempos atuais, visão estreita sobre o Universo e a Vida, decorrente de primário egocentrismo, antropomorfismo ligado àquela suposta condição humana de "Rei da Criação", quando o homem apenas representa um avanço na Evolução Planetária.

Aparecerá ele, o homem, como o elo inicial da cadeia sem fim de seres consciencialmente individualizados, cujos elos seguintes às suas experiências já têm forjado, e hão de forjar, sob o império da Cósmica Lei Maior da Evolução da Vida em Manifestação. Essa Lei o fará ascender aos níveis mais altos em que se encontram os verdadeiros realizados do espírito, os que chamamos de Iniciados, Adeptos, Mestres ou Gurus, Cristos ou Potestades da evolução lóguica, cósmico-divina posterior. A esses assuntos, ainda voltaremos, procurando esclarecê-los melhor nos capítulos que seguem.

Capítulo XVII
Da presença atuante da Grande Fraternidade Branca

> Há, na MENTE DO LOGOS, da DEIDADE do nosso sistema solar, um inexplicável princípio de mutação, que governa todas as Suas Ações. Não vemos mais que as formas sempre cambiantes e captamos vislumbres da vida sempre em evolução naquelas formas, porém, não temos ainda a chave do princípio que opera através das mudanças caleidoscópicas dos sistemas solares: Raios, Hierarquias, Planetas, Planos, esquemas, Rondas, Raças e Sub-raças. (Alice Bailey – *Iniciação Humana e Solar*)

No capítulo precedente, dissemos da Presença atuante do Cristo na apresentação ao mundo da PALAVRA ESPIRITA, como um verdadeiro renascer e brilhar de sua própria PALAVRA nos idos da Palestina, agora, porém, tocada do acento científico que a evolução intelectual humana permitia e até poderia exigir.

Só mesmo à conta de uma operação de tão alto e transcendental nível, poder-se-á compreender como, em menos de 10 anos, a partir do simples "Mal-assombrado" de março de 1848, em Hydewille, na casa da família Fox, pôde evoluir, crescer e valorizar-se aquela simples, aparentemente inexpressiva fenomenologia, até o primeiro instante inesquecível, extraordinário, em que Allan Kardec publicou o *Livro dos Espíritos* em 1858. Na verdade, por aquele tempo e a seguir, a fenomenologia, que se iniciava, simples "raps", pequenas batidas em móveis e paredes à vista e ouvidos das irmãs Fox, evoluía muito, flexibilizava-se. Surgiam "Les Tables Tournantes" na França e em outras partes, a psicografia invadindo os lares e, a seguir, fenômenos de materialização, de notáveis efeitos físicos, que foram sendo estudados já durante a última metade do século passado, particularmente, durante o seu último lustro, com as brilhantes experiências de William Crookes. É que a Palavra Espírita havia que ser densamente científica, e assim se fez. Penetrou o Século XX indiscutivelmente vitalizada, despertando dedicações de alto nível. Foi à frente, como já indicamos e eis a Metapsíquica, a Parapsicologia, Psicobiofísica, constituindo um campo em que avançam, nesta 2ª metade do século em que vivemos, as pesquisas relacionadas! Aliás, já nas primeiras décadas deste século, ao escrever o seu magnífico livro *A Grande Esperança*, o eminente Professor Charles Richet, apesar de confessadamente materialista, afirmava que, afinal, surgia uma ciência, a Metapsíquica, que dizia de perto sobre a evolução moral do homem. Constituía-se, como disse, numa – *Grande Esperança*, no sentido certamente de lhe poder apresentar, ao homem, a certeza da imensa valia de si mesmo, agora possível "cidadão eterno" do Universo, com espaços infinitos a percorrer em busca de um destino maior.

Do ângulo da própria Ciência, estaria aí a visão espiritual da mensagem do Cristo, do Espírito de Verdade, no alvorecer deste século XX.

Mas no século XIX, a ação da Fraternidade não se limitaria à "Palavra Espírita". Haveria que eclodir, para o Mundo, como um impulso magnífico, de teor altíssimo e, ainda, como uma demonstração do trabalho da Hierarquia Branca, sob a Cósmica Supervisão do Senhor Cristo, a Palavra Teosófica, dada ainda naquele século. Seria o aprofundamento e extensão da Palavra Espírita. Não qualquer avanço no aspecto intrínseco no âmbito moral ou espiritual em que se encontram, em evidência, o princípio da responsabilidade e toda a gama do ensino cristão tocado da eterna magia de amor e sabedoria de Jesus de Nazaré, o Cristo dos dias da Palestina. A realidade, que viria à altura daquele meado do século XIX, seria novo esplendor de uma mesma, porém nova Luz, que, ampliando o ensino espírita, no que diz respeito ao Homem e ao Universo, em termos de conhecimento, de Ciência, veio oferecer aos novos tempos a maior Mensagem jamais dirigida à Humanidade, agora projetando, em hierarquia de extraordinária majestade, a figura do Senhor Cristo, aquela que o mundo de hoje deve conhecer, valorizar e amar.

É verdadeiramente admirável, e digno de ser continuamente enfatizado, o fato de que o novo ensinamento, expressão da presença atuante do Grande Instrutor de Mundo, o Senhor Cristo Maitreya, possui a virtude de se constituir numa síntese dialética de contrários – materialismo e espiritualismo. Por isso, atende ele ao gênio científico deste século XX, de ostensivo materialismo como à superação dos sectarismos religiosos divisionistas e limitativos, apontando um sadio e cósmico espiritualismo que, entre as demais virtudes, faz ver o conteúdo esotérico, profundo e de real valia, que mora na alma de todas as grandes religiões do mundo. Aliás, a essa luz, pode-se até pensar que esse conteúdo espiritual profundo, que está em cada uma dessas religiões, poderá ser o motivo, a razão decisiva, para que, um dia, todas elas se reconheçam umas às outras, em um verdadeiro ecumenismo, em que se encontrem definitivamente harmonizadas as virtudes espirituais humanas!...

A nova Palavra do Cristo, a Palavra que a Grande Fraternidade Branca difunde e sustenta, muito longe de poder ser considerada uma mensagem religiosa, no sentido vulgar de criar uma nova seita ou religião ou, ainda, apresentar uma metafísica decorrente de elucubração superior de qualquer gênio filosófico, é uma Palavra nítida, que contém, em si – e excede e as transcende – todas as gamas do materialismo científico vigente. Por outro lado, apresenta um super espiritualismo que, como dissemos, permeia a alma de todas as religiões e, também, as transcende. Esses aspectos configurantes de uma antítese bem clara – *super materialismo* e *super espiritualismo* – cada um bem definido na palavra dessa crística mensagem, se fundem em mágica expressão de um conhecimento integral, que vem desde a densidade mais grosseira da matéria e da energia, que lhe é imanente, ou dela irradiante, até às sutilezas mais puras da vida e do espírito que constituem a alma dos seres e das coisas!...

Assim, chegamos a uma conjugação de opostos profundamente importantes para uma conclusão posterior – *super materialismo* e *super espiritualismo* – perfazendo uma sabedoria de tão alto nível a que se deu o nome de *Teosofia*, isto é, SABEDORIA DIVINA. Na verdade, é uma PALAVRA que significa riqueza imensa de informações; mais que isso, de ensino científico amplo e profundo, que se adquire através de métodos, de procedimentos objetivos, integrando-se à criatura humana nas virtudes de sua intrínseca capacidade de aprender, não só pela inteligência, como pela intuição e a própria visão espiritual que, pouco a pouco, irá despertando.

Constitui a Teosofia aquela "Fonte Maior" de que vimos falando ao correr deste trabalho, permitindo-nos versar certos assuntos de uma maneira ainda pouco divulgada, como terá percebido o leitor que porventura nos haja acompanhado até aqui.

A PALAVRA – Teosofia – é de um super materialismo capaz de permear, envolver e exceder, em tônica de matéria, o cientifismo materialista dominante. Por outro lado, a palavra Teosofia também acentua a tônica de espírito permeante da realidade apreciada, em qualquer nível, desde as fugidias manifestações densas da matéria até as culminâncias espirituais ainda indevassadas dos Seres Ascensionados, Adeptos, Cristos e Potestades, que se afirmam ao longo da evolução lóguica, divina!...

Na verdade, perguntamos, por que a Teosofia dá sentido novo aos textos da tradição religiosa de todos os povos e idades, iluminando-lhes os arcanos mais secretos e justificando a oportunidade de suas mensagens, aqui ou ali, ontem, hoje e, certamente, amanhã? Respondemos que a Teosofia, esse ensino de Fonte Maior, denuncia o luciferismo divisionista do procedimento das ortodoxias religiosas organizadas, verdadeiros poderes do mundo a debater-se na difícil conjuntura humana dos infelizes dias que correm.

Por outro lado, a Teosofia apresenta um sentido definitivo do Universal, em que se plasma, em Grandeza de Infinitos, a Excelsa Figura do Grande Instrutor do Mundo, convidando a humanidade ao amor consciente e puro, nobremente espiritual, ao mesmo tempo que profundamente humano, capaz de oferecer fundamentos, força e estímulos à reformulação, para o BEM, de toda a vida social e política planetária!...

Em resumo, como Ciência, em nível de matéria e super matéria, por um lado, e como Filosofia de Amor e de Vida, em nível de elevado super espiritualismo, por outro, a Teosofia tem o condão de situar toda essa profunda Mensagem, em termos de Luz do Senhor Cristo, atento às reais necessidades do mundo atual!

Com extraordinária nitidez, ver-se-á quanto nela se encontra, de verdade, a presença do Senhor, o Grande Instrutor do Mundo, operante nesta altura do século, para que a humanidade, afinal, encontre um caminho diferente para organizar-se social e politicamente, visando a ser mais feliz. Será mais um aspecto, incisivo e límpido, sobre o qual o Cristo deve ser visto e amado, em Seu Imenso Trabalho no Mundo de Hoje.

Capítulo XVIII
As respostas da Grande Mensagem da Fraternidade Branca
Uma visão diferente do Universo e da vida

Prosseguiremos neste capítulo, mostrando o que pode e deve significar o Trabalho do Senhor Cristo – Maitreya, o Grande Instrutor do Mundo, para a humanidade de hoje, a partir de quando, nos idos do último lustro do século passado, foi a Teosofia apresentada à inteligência humana. Veremos sucintamente como o seu conteúdo científico e filosófico nos faz ver um Universo diferente e como a interioridade mais profunda do seu ensino, permeada da Excelsa Presença Crística, aponta e conduz para o místico, sem que, de imediato, o próprio estudante o perceba.

Veremos, outrossim, como a plenitude da Lei Moral e a altura da mais perfeita Justiça Social lhe estão subjacentes – à Teosofia – tornando-a, assim, a verdadeira Palavra que o homem precisa viver no mundo de hoje, com vista à preparação da Humanidade mais feliz do mundo de amanhã.

A Teosofia está plenamente contida na ciência e a transcende. Por quê? A resposta é simples. Porque aceita a matéria como sendo uma concentração de energia e valoriza decididamente as leis ou princípios que constituem os fundamentos da mecânica do que nos cerca, do movimento e do equilíbrio, e a mecânica do céu, a mecânica celeste, que começa a ensinar ao Homem o caminho das estrelas. Ajusta-se às leis e até as vê em níveis superiores, tais as Leis da Persistência ou da Inércia, da Coexistência ou da Simultaneidade das Ações, da Equivalência ou Reciprocidade de Ações, da Igualdade de Ação e

Reação, as quais fizeram a glória de Kepler, Galileu e Newton. Na verdade, aplicam-se essas leis nos planos superiores:

– A Lei da Persistência faz gravarem-se, persistirem os resultados, os frutos essenciais das experiências, não só físicas como emocionais e mentais, resistindo a perturbações ou modificações outras, permitindo, assim, não só a acumulação daqueles frutos experienciais, como a dinâmica das transformações, quando há solicitações ou perturbações exteriores quaisquer;

– A Lei da Coexistência diz, em todos os níveis, da independência das percepções ou ações de toda a ordem, do meio sobre a criatura, somando-se, conjugando-se, a cada instante, numa resultante que marca e define a própria experiência;

– A Lei da Reciprocidade de Ações, Ação e Reação, nos níveis superiores, é a Lei do Karma, de causa e efeito, que condiciona toda a evolução planetária em todos os níveis, inclusive a ascensão humana no âmbito do Universo Moral. Por estranho que pareça, o indeterminismo anunciado pelo princípio de Heisenberg, vigente na intimidade do mundo atômico, é prenúncio científico à compreensão ou, pelo menos, possível justificativa do "livre arbítrio", quando se chega ao nível do espírito. Tal a unidade do sistema espírito-matéria, da vida enfim, à luz do conhecimento teosófico;

– A Teosofia ensina a matéria, em níveis sutis insuspeitados pela ciência humana vulgar universitária, afirmando que o homem se abrirá à certeza da ciência, do conhecimento em outras e superiores dimensões da realidade, à pesquisa, pois, da matéria hiperfísica, como também astral e mental; dá-se, assim, o ensino de um materialismo mais amplo que nega serem os pensamentos e emoções superestruturas inexplicáveis, que se originam na intimidade cerebral, para lhes atribuir suporte de substância, matéria, energia e vida próprias;

– A Teosofia, também, convida o homem a dedicar-se, segundo caminhos e métodos que aponta, à construção de uma ciência mais elevada, conferindo-lhe a certeza de que suas faculdades e capacidades não se esgotam e não se limitam ao âmbito da inteligência apenas. Bem ao contrário, outras estão a despertar e podem ser cultivadas, tais a clarividência em que se liberta o homem do espaço, as virtudes da telepatia, a magia da incompreensível liberação do tempo pela retro e pela precognição, cujas capacidades o atual Universo Espaço-Temporal fica para trás, superado, visto, agora, apenas como um estágio de percepção, de conhecimento e vivência do homem espiritual em ascensão!...

A esse rápido enfoque, acrescentamos que a Palavra Teosófica afirma sobre a indestrutibilidade da consciência individual do homem, a expandir-se na sucessão das vidas, reconhecendo uma tal dignidade no processo de evolução do qual participamos que, inexoravelmente, nos sentiremos estimulados a mais solidariedade e amor fraterno, em relação aos nossos companheiros da divina caminhada!...

Compreenderemos que não estamos aqui vivendo à conta de busca da salvação particular de cada um, sofrendo para merecermos lugar de eterna bem-aventurança aqui ou acolá, num outro mundo, um céu misterioso e interrogativo!... Compreenderemos um mundo só, em que coexistem conosco as forças e virtudes de acento espiritual, que devemos aprender a viver e que se incorporarão ao nosso próprio ser, como criaturas humanas! Viveremos, assim, cada instante, as experiências da terra, do âmbito denso da nossa existência e as possibilidades de realização espiritual conducentes ao céu interno, onde se encontra, brilhante e límpido, o Cristo Místico do coração humano, aquele de que já falamos, no início deste trabalho, quando o dissemos plenamente realizado na pessoa ímpar de JESUS DE NAZARÉ. Tal o caminho da auto redenção, da auto realização ou da auto salvação, tão magistralmente proclamado na Grande Obra do eminente filósofo e querido Irmão em Cristo Prof. Huberto Rhoden!

Como se vê, a Teosofia, valorizando e expandindo a planos mais altos as pesquisas da ciência atual, aponta ao pesquisador novos níveis de matéria e energia, em que se consagram, em âmbitos mais elevados, princípios indiscutíveis da própria ciência, como se um fio mágico ligasse as propriedades e virtudes de todos esses níveis de expressão da substância, de matéria e energia. Por outro lado, oferece ela uma PALAVRA Espiritual plena de beleza e de esperanças, em que se destaca objetivamente a ênfase da própria MENSAGEM de JESUS, falando do Amor e da Fraternidade, intensificando e valorizando o vigor do Ensino Espírita, a que já nos referimos, bem assim o das ortodoxias religiosas, apontando-lhes o valor das próprias organizações voltadas para o BEM, postas de lado as filigranas de dogmas impositivos!

Não é de ver-se, em tudo isso, a Presença do Próprio CRISTO, do Grande Instrutor do Mundo, fazendo adequar a Palavra, o ensino, às condições do homem que viria neste Século XX? O homem inquiridor e científico, um tanto deformado pelo instinto de poder e falsa glória, o qual, afinal, se conduziu, a si próprio, às duas Grandes Guerras Mundiais deste século?! O homem, que vem sofrendo em lutas e guerras pequenas ou grandes, menores ou maiores, por toda a parte, à conta de preconceitos raciais, ambições de domínio, sem qualquer grandeza, dentro de ideologias estas ou aquelas, sem marca de valores nobres, necessita, é evidente, de uma nova luz para o seu caminho, novos motivos para os seus sacrifícios!...

Além disso, o homem, no campo material, tem realizado, na ciência e na técnica, avanços que aproximam as criaturas das várias nações, povos ou raças. Isso tem o condão de transformar a face planetária, natural *habitat* daquele homem sem rumo firme e sofredor, numa simples aldeia, onde o interesse de um é, a rigor, o interesse de todos?!... Haverá alguma dúvida sobre a necessidade de uma Palavra Nova?

Nada mais de inspirações, filosofias, ou religiões que lucifericamente dividam os homens! Nada de ortodoxias de qualquer natureza, científica, filosófica ou de religiões, que subjacente possuem o germe de presentes ou futuras lutas, em que se empenha, se gasta e desaparece o sentido da nobreza humana, enfatizada por Jesus e, hoje, proclamada na Palavra Teosofia, que vem do silêncio dos templos iniciáticos dos idos da história humana. Palavra ímpar que desce profunda, luminosa e divinamente pura das alturas da Hierarquia Branca do Himalaia, de outras partes dos planos sutis, tanto no ensino efetivo dos seus Mestres, como na crística inspiração que perpassa pelos espaços humanos! E a vemos pressentida pelos bons, sensível aos mais despertos para o amor e a fraternidade e vivida pelos grandes apóstolos, quantas vezes anônimos e outras tantas identificáveis, visíveis, num Albert Schweitzer ou num Gandhi e outros tantos que têm dignificado a nossa humanidade!...

E ainda, a pergunta: por que a Teosofia dá sentido mais justo aos textos das tradições religiosas e se opõe ao luciferismo divisionista, que apontamos, das ortodoxias religiosas organizadas? É que, segundo o seu ensino, presente à cada civilização que se tem sucedido, desde o passado mais remoto, se encontra sempre um Instrutor, como se um verdadeiro planejamento transcendental conduzisse a vida humana planetária. Assim, nos idos históricos da tradição de todos os povos e idades, lá se encontra, mais ou menos claro ou mais ou menos oculto, o mesmo ensino, dizendo da natureza imortal do homem, de um Poder Criador, que lhe vela o destino, da presença solícita de Irmãos Maiores, Guias e Mestres que, em todos os tempos, têm estado a seu lado, e junto às sociedades humanas em marcha, dizendo da Lei Moral própria ao tempo. Esse ensino básico, ao investigador atento, é único, comum à alma das religiões, que se têm sucedido, ou melhor, que têm coexistido através de várias idades. Seria como se, ao longo desse remoto ou mais próximo passado, a supervisão Maior da Grande Fraternidade Branca operasse constante, firme e sempre oportuna. Daí, hoje, poder ver-se a unidade daqueles básicos ensinos subjacentes à alma dessas religiões, informando crenças e tradições, que se foram fixando, e, às vezes, transformando ao longo do tempo.

Por outro lado, a *Palavra Teosófica* mostra o significado dos egoísmos primários, marcando o sentido luciférico da separação, da afirmação da unidade do homem em si. Mais adiante estão as coletividades que, progressivamente, se ampliam, do grupo social primeiro, à alma das nações e das raças, sem deixar de acentuar esse sentido luciférico que, pouco a pouco, há que se desfazer, cedendo ao altruísmo universalista do espírito crístico. Essa é a razão por que, no mundo de hoje, já tanto se tem firmado o luciferismo divisionista, como dissemos, de tantas religiões, que se reservam o direito ou a suposta certeza de serem só elas as verdadeiras. O mesmo ocorre com tantos governos, que se dizem, também, só eles estarem certos e que hão de lutar por suas afirmações que consideram de alto interesse de seus povos ou raças, tudo isso criando tensões perigosas para o homem atual. Denunciando esses aspectos contingenciais da evolução do homem, em si e em sociedade, esses perigos de lutas sem glória, é que a *Palavra Teosófica* se sente forte, límpida e luminosa, para dizer do Cristo no Mundo de Hoje, apelando ao bom senso das elites humanas científicas, sociais e políticas, para que ampliem e universalizem os ideais inspiradores do próprio esforço humano. Tudo pela certeza de uma cósmica fraternidade tocada de compreensão e amor, única solução, para os graves problemas humanos desta hora, quando a liberação e controle da energia atômica chegam a ameaçar de morte inexorável a vida planetária! Daí o havermos escrito no capítulo precedente, que a Teosofia pode oferecer, ao homem de hoje, um pleno renascimento, com o excepcional brilho da própria Luz de Cristo, descendo à tristeza e à obscura mediocridade espiritual humana como um todo!

Parece-nos já havermos dito, até aqui, o suficiente para enaltecer e justificar a valia dos ensinamentos que, ao longo deste trabalho, tanto invocamos, como de "Fonte Maior", dando-lhe um subido valor, como expressão de Sabedoria Divina que, à forma de excepcional Mensagem, chega à mente e ao coração humanos nos dias de hoje.

Poderá essa Mensagem informar decisivamente uma "Ideia-Força", uma Ideologia, capaz de promover, para as nações, uma organização social e política mais feliz, própria para o mundo de agora e de amanhã? Será, então, uma Ideologia sob a magna e segura orientação do Senhor Cristo, transformado na Excelsa Figura de acentos espirituais divinamente inspiradores para o homem, desde que este se reconheça em seus nobres e eternos valores e, realmente, se conscientizem dos postulados que a SUA EXCELSA PALAVRA proclama à todos irmãos coparticipes da Divina Ascensão! Ouvir-se-á, com objetividade sem par e em tom de nova e elevada harmonia, a VOZ d'AQUELE que um dia dissera:

"Eu sou o caminho, a verdade e a vida".

"Eu sou a Luz do Mundo, aquele que a mim vier, jamais perecerá na obscuridade".

Sobre essa Crística Ideologia, que poderá informar e promover a Vida Feliz do homem de hoje e de amanhã, por seus fundamentos e desenvolvimentos científicos de alto nível, pela altura do seu pensamento filosófico inspirador e, particularmente, pelo seu conteúdo espiritual claramente posto diante do homem inteligente e desperto do mundo de hoje, é que iremos falar nos capítulos seguintes. Aqui, ainda, devemos dizer da Teosofia – aquela "Fonte Maior" – a maneira pela qual enfatiza a hierarquia não só da matéria e da energia, que progressivamente se sutilizam de plano a plano da manifestação, ascendendo à culminância monádica ou divina, mas, também, – e aí está a maravilhosa perspectiva que nós humanos podemos entrever – a hierarquia dos próprios seres que caminham, buscando o seu mais alto destino! Não há como negar o imenso estímulo dessa Palavra, enchendo de otimismo e esperança o coração humano! Então, a esta altura, poderemos perguntar:

Que maior crise de ansiedades que a da incerteza do destino, que o desconhecimento das razões do sofrimento e da dor, que a falta de motivos que justifiquem esforços e até sacrifícios ao encontro dos obstáculos do caminho, nas árduas e perigosas tarefas que, quantas vezes, há o homem de cumprir, conduzido pelo "imperativo categórico" de dever?

A Teosofia lança luz intensa sobre todo o condicionamento do envolver das coisas e dos seres e ensina a falar a linguagem do amor universal que, pouco a pouco, faz eclodir, na intimidade de criatura humana, aquela, luz que se acende, como bem atrás indicamos, no começo da senda iniciática, transformando-se em luz infinita, ao fim do caminho! Por tudo isso, uma vez fundamentada em uma nova fé que a intuição alimenta e com os fundamentos científicos, que já tanto apontamos ao longo deste trabalho e, ainda mais, com as comprovações que nos chegam de Hierarquias Maiores de mundos distantes, que nos visitam, é que nos certificamos estar aqui dizendo da PALAVRA, do ENSINO, de que a Humanidade carece para dignamente organizar-se feliz, social e politicamente.

Capítulo XIX
Da conjuntura social e política do mundo contemporâneo

> Porque a terra que embebe a chuva, que muitas vezes cai sobre ela e produz erva proveitosa para aqueles por quem é lavrada, recebe a bênção de Deus. Mas aquela que produz espinhos e abrolhos é reprovada e perto está da maldição: o seu fim é ser queimada. (Hebreus VI – 7, 8).
>
> Por que assim o que santifica, como os que são santificados, são todos de um por cuja causa não se envergonha de lhes chamar irmãos. (Hebreus II... 11).
>
> A noite é passada e o dia é chegado. Rejeitemos, pois, as obras das trevas e vistamo-nos das armas da luz. (Romanos XIII – 12).

Assim deverá ser, é preciso que seja, imperativo, cosmicamente necessário que em quaisquer circunstâncias, envolvendo a vida humana, no desassossego do sofrimento, "obra das trevas", que o mundo de hoje tome ou retome as "armas da luz"! Por isso, é que daquela "chuva" de espírito que vem caindo intensamente desde os idos do século passado, à "terra", o mundo atual começa a embeber-se e a erva, a "erva proveitosa" cobra força de vida para os trabalhadores que nele se realizam no labor do bom serviço e havemos de esperar a bênção da Divina Lei.

E que Aquele "mais excelente que os anjos", do dizer do Grande Apóstolo, é o mesmo que ainda hoje santifica os atuantes operários de Deus, não como um "Deus" sem justificativa, pontificando das alturas de um "Céu", mas Aquele que "não se envergonha de lhes chamar irmãos"! Por isso é que, ainda na esperança da inspirada palavra de S. Paulo e considerando tudo o que vimos escrevendo e procurando anunciar até aqui, assim o pensamos, em tônica da perfeita sintonia com o nosso Mestre, podemos estar seguros da verdade daquela palavra:

> A noite é passada, o dia é chegado... Vistamo-nos das armas da luz. (Romanos XIII – 12)

Na verdade, como negar a claridade nova, que se projeta nos horizontes do mundo, iluminando a alma humana, em apelos não horizontais, antes de uma dinâmica verticalizante, ascendendo à Luz Maior do Poder Infinito que se abriga na essência de toda forma, vida, ou espírito manifestados?!... Como vimos acentuando, é a Presença atuante do Grande Instrutor no mundo de hoje, do Cristo-Maitreya, presente e falando a Palavra de Amor de todos os tempos e, agora, tonicamente, a *Palavra de Amor e Sabedoria*, que se revigora e se engrandece e vai à frente do próprio evolver do conhecimento humano. Atualmente, está ele à beira de um aprendizado novo, quando se convence o homem de que os cinco sentidos e sua mesmo avançada inteligência são insuficientes, incapazes para abarcarem a Realidade Maior que se oferece à observação, à análise. Surgem parâmetros novos, que exigem do homem, agora, não só aquela inteligência em termos vulgares, mas a sublimação sutil da intuição e, até um pouco mais, a visão espiritual interna, mas, paradoxalmente, ampla, universal, sem o que a própria Ciência há de *parar*, de *cair*, *falecer*, às suas próprias vistas. É que o homem vai assistir, se ainda já não está assistindo, a viagens entre as estrelas e já testemunha uma rica fenomenologia que o leva à apreensão e à certeza de outras dimensões superiores da realidade, imposição do riquíssimo mundo da Parapsicologia, da Psicobiofísica, ante o qual a inteligência se imobiliza e emudece, se não quiser crescer, sublimar-se.

Ora, todas essas realidades da observação e da experiência, já têm a seu lado, como a estimular e sustentar a própria condição humana, a noção de como fazer ciência, isto é, *conhecer*, a *Palavra Teosófica* que desce até nós. E essa Palavra desce ao nosso mundo comum, sob a inspiração segura e atuante do Grande Instrutor, incisivamente ostensiva no trabalho dos Mestres, que prepararam Helena Blawatsky – e alguns outros missionários que se lhe seguiram –, esclarecendo, estimulando e ensinando ao "homem de boa vontade", humildade de coração e espírito, ansioso para receber o ensino, lúcido para entender-lhe a essência, capaz de ter fé e amar para servir aos irmãos humanos!...

Assim sendo, devemos enfatizar o que temos vindo expondo, precisamente, em relação ao Senhor Cristo, com respeito à Sua Mensagem, atualmente mais explícita, mais avançada, na Palavra Teosófica. Aqui, diremos que ela resume, flagrantemente, todas as Palavras antes pronunciadas, isto é, palavras de todos os tempos e atuais, particularmente, a búdica do Oriente e a cristã dos idos da Palestina, a espírita do século passado, ainda ativa e presente neste. Também, a Palavra tentativa de Ecumenismo, que se vê na própria Igreja Católica, culminante no vigor de João XXIII, infelizmente embaraçada por interesses políticos do mundo incerto das próprias religiões. E, ainda, a Palavra de algumas dignas aberturas no seio da Igreja Luterana, em que os homens se possam encontrar na invocação efetiva do Espírito Santo!...

Na verdade, procuramos apresentar, ao longo deste trabalho, particularmente em alguns dos últimos capítulos, a Teosofia, na magia da sua luz, a oferecer profundos conhecimentos na substância do seu conteúdo de amor, ensinando-nos a amar a toda vida, desde a mineral à humana e super-humana, no significado cósmico da polaridade matéria-espírito, ciência e espiritualidade, tudo em torno do tema central deste livro sobre o Senhor Cristo, sempre presente e atuante no mundo atual. Então, perguntaríamos: que mais deveríamos ou poderíamos acrescentar à projeção evidente de Sua Grandeza, junto ao destino humano?!... A pergunta está feita. Resta respondê-la em termos que não sejam apenas de um conhecimento científico, profundo que seja, de uma filosofia específica, isto é, bem caracterizada, apesar de infinitamente abrangente, de uma mensagem espiritual falando ao coração no reviver a alma do verdadeiro cristianismo. A resposta, nos parece, deve ser em termos que, agora, ofereçam a mágica e poderosa síntese de uma Ideologia Superior, expressão de Pensamento-Força capaz de polarizar as elites da ciência e da filosofia contemporâneas, alcançando, com o poder de uma mística operante e construtiva, a ambiência social e política do mundo de hoje!...

Não há dúvida de que, sob o ponto-de-vista prático, ao enfrentar as necessidades humanas de toda ordem, no mundo de hoje, surge imperativa a necessidade de uma Ideologia nova, já por nós anunciada, que resuma, em plena harmonia, o que há de saudável, alto e necessariamente permanente, duradouro, nos campos ideológicos do Ocidente e do Oriente, atualmente a digladiarem-se em luciféricas contestações, que ameaçam, de verdade, o destino da vida humana planetária. Assim é que vemos:

– de um lado, o Oriente, até certo tempo sempre pacífico, conformado, mas não agora, depois do sonho de força e domínio superficialmente desfeito mas profundamente jacente na alma japonesa, depois do surto comunista chinês, liberado pelo gênio de Mao-Tsé-Tung, como, também, no momento, até o surto islamita agressivo, um tanto retrógrado e perigoso do Irã.

– do outro lado, o Ocidente claramente dividido nos campos *capitalista* e *comunista*, aquele sob a liderança americana e de alguns países mais avançados e poderosos do oeste europeu, e este, *o comunista*, sob o inconteste domínio russo, atingindo alguns países do leste, apresentando nesses países, em alguns casos, pequenas nuances diferenciais.[1]

Em um mundo assim, de povos a disputarem a supremacia da influência do poder, armados de ambos os lados pela imensa capacidade de destruição da energia atômica, que perspectiva de PAZ E FRATERNIDADE entre esses povos poderá ir à frente, assegurando a felicidade humana? Sob o ponto-de-vista esotérico um tanto mais alto, é de ver-se, nessa flagrante divisão ideológica do mundo, a presença ainda inegável do espírito luciférico, que desde os albores da humanidade como um todo, ou do nascimento do homem como indivíduo, sempre esteve, e ainda está, presente no "Egoísmo"

[1] Livro escrito em 1980.

do "Meu e do Teu", que essencialmente divide e, paradoxalmente, por essa polaridade, promove a dinâmica positiva das realizações do ser humano, da sociedade que ele perfaz, da nação, da raça!... Todavia, à luz ainda desse esotérico, que atualmente se revela ao mundo, tal destino de divisões, lutas e desassossegos individuais e coletivos, não é o destino do ser humano, pessoa, indivíduo, sociedade, povo, nação, estado, raça ou continente... Os Grandes Instrutores, Avatares de Amor e Sabedoria, que nos têm visitado e os que porventura se achem conosco, todos eles têm ensinado e ensinam um destino diferente, depois de lutas luciféricas, com as dores e sofrimentos do humano existir!... O destino diferente é o que o Grande Instrutor do Mundo, o Senhor Cristo, aponta desde os idos longínquos da Palestina e, ainda, ensinado nos mais remotos dias dos Vedas, depois por Krishna e a seguir, por Budha, como também nos dias das Tábuas da Lei de Moisés e dos profetas hebreus maiores e menores! Mais ainda, o Grande Instrutor, através da Hierarquia Branca atuante, como dissemos já, na época contemporânea, nos tempos que vêm correndo desde a Revolução Francesa, têm intensificado o conselho, o ensino, a evidência da fraternidade humana, desde que cada ser é integralmente aquilo que o outro é: físico, emocional, mental, todos dotados daquela espiritual interioridade, que marca a condição do existir individual consciente e progressivamente responsável. Daí as mesmas necessidades nesses níveis da própria vida, a analogia, se não identidade, de seus básicos desejos e preferências existenciais, no sentido do prazer e do bem-estar, de suas intrínsecas aspirações ao poder, à força, como também, à progressiva sublimação do sentimento à culminância espiritual, um dia, do amor! Primeiro, limitado a si próprio ou à família. Mais adiante, ao irmão humano qualquer, à sociedade, à pátria, à raça e, afinal, à própria humanidade!... Esse é o evolver, tudo assim o diz, do ser humano: da densidade do egocentrismo do puro egoísmo, àquela sublimação altruísta de amor, que busca o Universal!...

Por que, então, entre os povos, tanta incompreensão, tantas contradições que buscam resolver-se em guerras, destruições, sofrimentos, infelicidades?!... Não estará faltando, realmente, ao homem atual social e político, uma nova Ideologia, inspirada em uma "Filosofia de Vida" de alto porte, promovendo a síntese dos contrários existenciais, aparentemente matéria e espírito?! Filosofia que conduza à sublimação, pouco a pouco, desses contrários, visando a uma concepção e efetividade de vida mais tocada do universal de amor, compreensão em todos os níveis? Coexistiriam no ser humano, em dinâmica harmonia, as aspirações ao conhecimento, à bondade, às realizações da arte e da beleza, realizando a crística espiritualidade.

Sucintamente, veremos adiante algo mais definido sobre essa nova Ideologia que se oferece, após rápida análise da conjuntura atual do mundo em que vivemos. Então, responderemos à pergunta que nos fizemos e aqui repetimos: "que mais poderíamos ou deveríamos acrescentar à projeção evidente da Grandeza do Senhor Cristo, junto ao destino humano?" Sim, dizer da sua mensagem atual, da sua própria presença no mundo de hoje, podendo oferecer a esse mundo conturbado, um pensamento-força, uma Ideologia capaz de sobrepor-se às vivas contradições da conjuntura mundial e traçar-lhe novos rumos. É o que limpidamente veremos um pouco à frente: Uma *NOVA IDEOLOGIA* para uma *NOVA HUMANIDADE*.

Olhemos o mundo. Contemplemo-lo, com olhos de ver, sem quaisquer paixões filosófico-religiosas ou posicionamentos também passionais sócio-políticos.

De um lado, o capitalismo que, afinal, se desenvolveu e desenvolve, invocando os mais altos postulados da democracia, que, incipiente nos idos do Século XVIII com a independência americana e estranhamente revigorada pelo sangue de Revolução Francesa, sob o lema da tríplice afirmação Liberdade, Igualdade, Fraternidade, assumiu, pelo menos em termos teóricos, nível de esperanças à altura do cristianismo autêntico, simples e puro de Jesus de Nazaré! Desmoronavam-se, então, "milagrosamente" estruturas dogmáticas no âmbito da Política e da Religião. Ir-se-iam, de mãos dadas, para um triste passado, os Poderes Absolutos dos Reis e dos Papas.

Todavia, foi bem diferente o que aconteceu, sob a égide de tão elevados princípios filosóficos, que resultaram no liberalismo econômico, decorrência imediata da tal Filosofia Igualitária. Os valores existenciais se confundiriam em um nivelamento, em que a própria e natural hierarquia praticamente teria que desaparecer?!... Veio, porém o que, decorrido praticamente dois séculos, aí está, concorrendo para a conturbação do mundo: Um capitalismo que se cobre de democracia e de espírito cristão para todos os efeitos presente nas ortodoxias religiosas do Ocidente, sem que nada possua da essência do valor intrínseco espiritual do próprio cristianismo! A dominância do espírito de lucro, facilitando o desequilíbrio, com a acumulação da riqueza na mão de poucos, com a relativa miséria nas mãos de muitos e muitos! É o que se vê por toda a parte e mui acentuadamente em vastas regiões de grande número de países, com massa de populações sofridas, famintas, deseducadas, sem esperanças e sem visão de qualquer perspectiva melhor para o seu destino!

Havemos de convir, todavia, que, em países capitalistas já desenvolvidos e outros mais em ascensão, esse quadro se atenua, mas à custa de outros tantos, que são os seus mercados!

É que a própria estrutura da produção da riqueza e sua distribuição conduzem à concentração de recursos e ao poder descontrolado, que faz povos avançados continuarem a regular o destino de seus vizinhos ou dependentes de vários matizes, como dissemos, seus mercados, em princípio, sofredores e oprimidos. Eleva-se todos a *escravos* da máquina e, a rigor, de outros homens, quando uma cibernética avançada, à base de computadores, conduz ao desemprego e à vida sem consistência de segurança para tantos e tantos!

Nesse sistema capitalista, de teor supostamente democrático, incluem-se as religiões, apoiando hoje, apesar de algumas sensíveis reações, esse inaudito poder concentrado nas empresas que fazem os governos. Em consequência, apoiam esses Governos, em princípio, como antes souberam apoiar o Poder Absoluto e opressor de Reis e Imperadores ambiciosos, às vezes, sem alma. Sinal bom, é de convir, verificarmos reações no campo político mais alto do governo religioso, particularmente, na ambientação católica atual, o qual, sentindo estar perdendo "vez" pelo progressivo esclarecimento popular e, ainda, como decorrência, entre outras, da rude experiência francesa durante a última guerra mundial, houve por bem procurar avançar. Assim fazendo, se colocará à altura do impulso interno que, em nossos dias, conduz todos aqueles que invocam o Senhor Cristo, a mais se preocuparem e atuarem em bem da justiça social, que os dias atuais da nossa civilização proclamam e exigem. Bem haja que a Igreja assim prossiga, procurando voltar às puras e remotas fontes de onde, afinal, proveio: àquela Palavra Luminosa, cujo brilho ainda nos chega dos longes de cerca de 2.000 anos de história!

Do outro lado, o socialismo comunista, oferecendo outro quadro, de características bem próprias, mas que, paradoxalmente, acaba apresentando certas analogias, com o quadro capitalista apreciado. É que são uma bipolaridade, mantendo entre si linhas de intercomunicação mais ou menos evidentes ou ocultas, condicionantes, felizmente, da possibilidade da Grande Síntese que se aproxima, à luz do Ensino da Palavra e da Presença do Cristo. Por isso é que decidimos mostrar a Excelsa Figura do Senhor Cristo, em termos, também, do campo social e político, para que melhor e mais justamente possa ser reverenciado e amado no mundo de hoje e de amanhã.

Apreciado sucintamente o capitalismo, em suas manifestas e indiscutíveis características, vejamos, agora, o posicionamento do comunismo materialista, voltado ao culto da ciência e da técnica, o qual se mostra impregnado de uma filosofia dinâmica que repousa na dialética hegeliana. Em verdade, nela se consagra o "vir a ser" de cada instante, negando-se assim "valores eternos", segundo os quais as sociedades deveriam organizar-se. Valorizam-se sobremaneira a evolução dos meios de produção e as consequentes mutações nas relações de trabalho, naquela dinâmica em marcha e, por outro lado, erige-se a classe proletária em força definitiva para a própria organização da sociedade, à base de uma ditadura, que, segundo Marx, seria provisória! Mas que "provisória", na sua primeira experiência, que já enche bem mais de meio século da história?!...

A Ideologia Comunista, não há dúvida, representa uma reação de extraordinário porte aos desvios e deformações capitalistas. Tomou corpo, cresceu e se firmou, alimentada pelo vigor inteligente e pela força de sofrimento do povo russo, supercontrolado e, por isso, certamente oprimido, avassalando, porém, pelo seu poder ascendente, em decorrência da última Grande Guerra, elevado número de nações vizinhas e conduzindo a influência dos seus postulados, de sua ação expansionista, a povos mais distantes!

Com a força que se contém na estrutura ideológica de um tal novo *Pensar* e de um tal novo *Fazer*, aí está a certeza da negação de um mundo espiritual, para o qual houvesse o homem que salvar-se, progredir, realizar-se, enfrentando e superando as dificuldades de toda a ordem do existir comum, objetivo. A religião, acenando com prematuras conformações, com insucessos e, até, mesmo, com sofrimentos e misérias, para o ganho de uma suposta felicidade em outro mundo, tudo isso ilusão e engodo! O homem é, apenas e intrinsecamente, ele mesmo, com todas as virtudes de suas próprias energias e capacidades. E, assim, partiu-se, com decisão, para a reformulação do viver social e político, sob um regime impositivo, enérgico!... Com o Estado russo forte, foi fácil enveredar por uma política externa expansionista, alimentando e exaltando os nacionalismos de nações distantes, ainda sob o jugo colonialista ocidental. Não há dúvida de que essa dinâmica de expansão efetiva de exportação ideológica passou seriamente a preocupar os setores mais altos da grande política do Ocidente, mesmo porque se tornou impossível negar o fortalecimento do Poder Nacional do Estado Russo, pelo avanço de toda ordem que passou a demonstrar. Isso aconteceu, não só nas ciências físicas e do mundo biológico, resultando em visível equilíbrio em relação ao *status* ocidental, bem como, ultimamente, graças ao seu ateísmo, a Rússia tem obtido notáveis avanços em outras áreas, como a Parapsicologia ou Psicobiofísica, herdeira da Metapsíquica que, sem dúvida, vai de encontro à Grande Esperança, de Charles Richet, quanto ao mundo do homem de amanhã. Em relação, pois, ao *status* social e político da ambientação organizacional capitalista, duas verdades sobressaem límpidas e certas:

– a ideologia socialista-comunista, nos moldes de sua própria dinâmica, é identificada com sua vista eminentemente materialista, pequena, sobre o homem e a sociedade em que vive; não há disfarces e nem espaço para um espírito em que não crê, e até repele;

– a ideologia do capitalismo, desde os primórdios assistida e apoiada pelas Igrejas, sempre se disse de inspiração cristã, com a presença supostamente aceita de credos, apregoando espiritualidade e necessidade de salvação humana, porém sem profundidade, sem interioridade de espírito, sem a glória de um serviço bem melhor à coletividade. Ao contrário, contradições marcantes no sentido de um "paternalismo" em relação aos níveis sociais mais baixos, com a supremacia da máquina, criando desempregos e maiores lucros etc...

Por tudo isso, mister se faz, ao encerrar este trabalho, denunciar tais evidências de mistificação consciente ou inconsciente de um lado e de outro, além das estreitas limitações materialistas e paixões exaltadas, deformantes!

Dentro de tal conjuntura de materialismo denso, sem aberturas que não as das próprias realizações imediatas, sem qualquer vislumbre de conotação espiritual e, também, de um espiritualismo limitado às ortodoxias de dogmas superados, é de perguntar-se como será possível elevar-se o homem, a sociedade, ao conhecimento daquela Palavra que vem da Grande Fraternidade, aceitando-a no oferecimento que faz da Crística Ideologia, de que precisa o homem de hoje e o de amanhã?!...

Veremos que ela lhe mostrará a Presença do "Espírito de Verdade" prometido nos idos da Palestina, restabelecendo "todas as coisas", ensinando outras, agora, por uma imensa multiplicidade de canais, visando a que, afinal, possamos organizar-nos e viver dignamente como seres em cósmica ascensão!...

Capítulo XX
Da filosofia clássica – uma nova filosofia de vida

> Como Sabedoria suprema da ordem natural, a filosofia ocupa-se das razões últimas das coisas, de si acessíveis à razão.
> Tudo o que a razão pode atingir de Deus e do homem, da origem e do fim do Universo, é de sua alçada. Este objeto a especifica e reserva-lhe um lugar de primazia no conjunto hierarquizado dos conhecimentos humanos. (Pe. Leonel Franca, S. J. – *A Crise do Mundo Moderno*)

Vemos no âmbito mais alto do pensamento católico, na palavra de tão eminente autoridade, o Pe. Leonel Franca, como a Igreja situa a Filosofia, particularmente quando afirma que a razão pode alcançar o conhecimento de Deus e do homem, do Universo, sua origem e seu fim, e que isso é de sua alçada, isto é, da alçada da Filosofia. Todavia, com as palavras de sua afirmação, restringe-as ao uso da razão e esquece a intuição, que promove a fé, reservando-a para o campo da Teologia, algo do âmbito do Sobrenatural, não mais à ordem da natureza, da ciência e da inteligência. Esquece a Filosofia que a intuição, mesmo no âmbito científico da conjuntura humana atual, pôde oferecer, desde dias longínquos aos atuais de Henri Bergson e, também, aquela outra que vem da contingência existencial integrativa da realidade do ser humano, acentuada desde Kikergard e atinge, neste século, a eminência triste do Existencialismo Materialista de J. Paul Sartre. Aliás, dizemos triste, diante de tal genialidade, porque, conforme é notório, o ápice do seu materialismo acaba fazendo o seu "NADA" confundir-se com o "Absoluto" das filosofias espiritualistas do Oriente, culminantes, afinal, na Teosofia, de que já tanto falamos, agora, uma mensagem de ímpar conhecimento abrangente da realidade cósmica como um todo e de absoluta penetração nos secretos arcanos da alma humana e do universo.

Diremos um pouco de vários posicionamentos filosóficos, começando pelo pensamento escolástico, que nos faz ver um Deus externo, transcendente, fora do mundo, havendo criado o mundo e o homem com tanta facilidade de ser pecador e deixar-se conduzir por estranho espírito demoníaco, que impõe tanta miséria à contingência do viver social!...

Apresentamos, nos capítulos precedentes, as PALAVRAS ESPÍRITA E TEOSÓFICA como dois momentos de ostensiva atuação da Fraternidade Branca, palavras que são verdadeiras mensagens de ciência e vida ao entendimento e sentimento humanos. Podemos vê-las, como acentuamos, destinadas aos embates conjunturais dos idos do Século XIX, bem assim de todo o transcurso deste difícil século XX, com duas Grandes Guerras infelicitando o coração humano e, ainda mais, destinadas a embates e dificuldades dos próximos ou mais remotos dias do futuro. Resta-nos, porém, acrescentar algo mais sobre o comportamento das elites pensantes, antes de apreciar a densidade da luta essencialmente econômico-social, em que se envolve o homem de hoje, em meio do qual faremos ressaltar o trabalho do Cristo, o Grande Instrutor do Mundo. Não nos referimos somente aos cientistas confessadamente materialistas, adstritos aos seus misteres de pesquisa ou inclinados a uma filosofia científica jungida â estreita visão apenas imediata, de superfície, dos fatos objetivos, mas, particularmente, aos filósofos ou líderes religiosos, dos quais se poderia esperar uma influência maior nos destinos humanos. Vamos ver, exatamente, que essa influência nunca pôde existir ou consubstanciar-se em algo positivo, indiscutivelmente benéfico, na conjuntura social, certamente por que o alto pensamento filosófico sempre se apegou a uma inteligência demasiado abstrata dos problemas, resultando nobres e sutis conceitos capazes de encantar a mente e o sentir, mas sem a consistência de uma fundamentação no conhecimento mais profundo do mundo fisiobiopsíquico, em que se move a criatura humana.

Daí a inanidade dos sistemas de interpretação das realidades vivenciais do homem, não só no âmbito individual, como no social de todos os níveis.

Veremos as características fundamentais de alguns grandes pensadores filosóficos, como as próprias Igrejas, apesar de sua secular vivência e de dispor de um tipo de mágico e impressionante poder, que advém do Evangelho de Jesus, tão invocado. Elas, as igrejas, não tiveram, nem têm qualquer condição para enfrentar, com sucesso, a avalanche das ambições e das paixões humanas, resultantes de um dominante materialismo de sensível número de homens que se confessam ateus. Como, também, daqueles que se abrigam à sombra dos credos religiosos, das próprias Igrejas, os quais não lhes penetram ou possuem a alma!... Para eles, religiões são superestruturas de brilho e refinamento elegante, social, que nada lhe oferecem de íntimo e capaz de dirigir atitudes para a vida *compreensiva*, de justo equilíbrio e amor atuante!

Falta-lhe, ao homem de hoje, uma Filosofia de Vida, que lhe marque o caminho e que faça sentir e compreender a razão – a inexorável necessidade – de ser fraterno. Uma filosofia que lhe seja dinamicamente construtiva da felicidade, não só dele, mas, também, do irmão humano! Aqui, aliás, de passagem, ocorre-nos a palavra do celebrado, na época, e famoso Deão de Canterbury, Reverendo John Hewlet, quando diz que, ao tempo de sua juventude, estranhava o comportamento dos grandes e pequenos industriais ingleses. Aos domingos, nos serviços religiosos, reverentes, contritos e "espirituais", mas, nos dias seguintes, exatamente o oposto: extremamente exigentes, cobrindo de restrições e negativas as aspirações dos seus operários, sem lhes conceder a mínima parcela de simpatia cristã. O operário não seria mais, se não no dia de domingo, o seu irmão em Jesus Cristo. Nele estava, apenas, o instrumento de trabalho. Haveria de enriquecer o patrão "humilde e reverente" da Igreja dominical!

Por outro lado, virando a face filosófica para a ambientação socialista-comunista, que repele o enriquecimento individual, vemos o socialismo de Estado, agora o dono dos instrumentos de produção da própria riqueza, entidade abstrata, falsamente objetiva, que substitui a liderança humanística, pela visão máxima do poder econômico, saturado de dominância humana e financeira! Então, o Estado, este sim, usando a própria "máquina", se enriquece e se impõe, não dando vez, ou melhor, esquecendo naturais e impositivas aspirações internas do próprio trabalhador, do homem, dono apenas teórico, nada prático, do seu destino!...

Assim, é de ver-se um desligamento marcante, indiscutível, entre a teoria e a prática, entre elucubrações de pensamento e opiniões justificadamente apresentáveis, até mesmo aceitáveis e as condições objetivas de um viver humano individual e coletivo difícil, sofrido.

Vejamos, então, alguns pontos desse pensamento filosófico, em se admiram valores teóricos, mas que jamais puderam influir, projetando-se na viva e árdua condição do viver humano. Com essa vista e, depois de uma análise mais direta e clara da conjuntura econômico-social e política do mundo atual, posta nitidamente entre Capitalismo e Socialismo Comunista, é que devemos voltar ao Trabalho do Grande Instrutor, o Cristo, no mundo de hoje, oferecendo um Pensamento-Força, uma Ideologia inspirada na ímpar sabedoria que a Teosofia oferece. E, segundo já dissemos, uma extraordinária síntese onde se mesclam espiritualismo e materialismo, perfazendo um sistema harmônico de pensar, agir e ser de que o homem tanto carece!

De propósito, no frontispício deste capítulo, se acha a palavra de um gigante intelectual do pensamento da Igreja: Pe. Leonel Franca. Nessa palavra, vê-se a relativa grande altura em que se põe a Filosofia e sente-se a restrição de suas limitações, segundo o pensamento escolástico. E assim é. Dentro desse pensamento, uma verdade inconteste, se afirma, quando se diz ser a razão humana incapaz de penetrar integralmente a realidade e, em consequência, a intimidade profunda do ser humano que, magicamente, reúne em si as virtudes de Deus e do Universo. É de considerar o renascer da palavra de

Sócrates... "conhece-te a ti mesmo e conhecerás o Universo e os Deuses". Sendo assim, é óbvio: a Igreja não tem outro caminho, se não buscar luzes maiores na Revelação, na ordem teológica, segundo explica bem o próprio Pe. Franca em seu magnífico livro *A Crise do Mundo Moderno*. Nesse caminho, haverá o homem que alçar-se ao campo do *Sobrenatural*, âmbito da *Teologia* onde a Igreja perdeu, de todo, qualquer condição de realmente conduzir o processo social humano atual. Esse campo do *Sobrenatural*, aceita que o homem é fundamentalmente inclinado para o bem. Esse bem decorre do BEM SUPREMO, valor absoluto que o próprio homem deverá atingir, isto é, DEUS. Assim é a moral tomista, de inspiração aristotélica, em que a vida moral acaba sendo condicionada pela razão. Afirmar-se-ia o exercício da razão, base do livre arbítrio, que possuiria o homem dotado de inclinação natural para o bem!

De certa forma, no plano filosófico, essa moral, a moral tomista, convive com a moral cristã, com ela até poderá confundir-se, sem possuir, porém, aquela magia de infinito amor irradiante da Mensagem do Excelso Nazareno, destinada a transformar, um dia e definitivamente, o vir a ser da civilização!

Todavia, apesar da inegável altura do pensamento tomista, este não dá ao homem atual, social e político, a importância devida junto à magnificência estrutural das Grandes Encíclicas, seus conceitos sutis e seguros, dentro dos Postulados da Filosofia Escolástico-Cristã, a qual fez a glória de S. Tomás e atravessou, resistente e pura, as vicissitudes de tantos séculos! Na verdade, apesar da "Rerum Novarum", do Papa Leão XIII, em que a Igreja pôs, com nitidez, o problema do operário, tratando com admirável profundidade a questão social, apesar, também, da "Mater et Magistra", em que João XXIII fez sentir a premência da solução dos problemas sociais no que tange às desigualdades contundentes entre os homens, a atividade da Igreja deixou de impor-se. Isso, porque lhe faltou o fundamento inspirador e sustentador de uma mensagem que fosse científica e dissesse, por outro lado, do intrínseco valor e da riqueza do homem, na grandeza espiritual do seu mundo interno e na perspectiva de vista infinita. E é esta perspectiva que alimenta esperanças a se realizarem ao longo de possíveis outras existências. Hoje ou amanhã, agora e sempre, o caminhar humano é inexorável para o espiritual, sem qualquer prematura salvação!...

Limitando a condição humana a uma vida só, sem nada explicar, assim, do mundo de desigualdades e sofrimentos, em face de um Deus Criador apenas supostamente Bom, apesar de todas as satânicas maldades da conjuntura humana, as Igrejas do Ocidente, pouco a pouco, foram perdendo força e prestígio junto à inteligência inquiridora do homem atual, que começa a despertar para uma outra visão científica, filosófica e espiritual do Universo e da Vida! Passa ele a ver-se como partícipe de um imenso processo evolutivo e compreende, em face da própria significação do avanço científico em marcha, que breve poderá estar seguro de sua cidadania eterna no Universo! Então, há de sobrevir, às suas convicções mais profundas, uma outra palavra, que já está sendo oferecida pela Hierarquia Espiritual da Fraternidade Branca, pela qual se vê impulsionado a cultivar uma fraternidade universal que leva, os mais avançados intelectual, social e politicamente, a não se "envergonharem" dos irmãos que estão nos degraus abaixo, tudo à luz de uma cósmica ciência. Isso, porém, não deve ser palavra de oradores aqui ou ali, em tribunas ou púlpitos, mas, sim, atos e exemplos de vida e ação, consequentes de uma visão superior da Realidade Universal.

Se as Igrejas de todas as religiões, neste século, lutam e não conseguem dar feição espiritual ao mundo de hoje, nem, pelo menos, informar e influenciar positivamente os países em que se põem e vivem, certas do seu poder, que poderíamos dizer dos posicionamentos filosóficos outros, belos e profundos, mas inoperantes, sem ressonância efetiva no espírito das elites que dirigem o processo sócio-político? Façamos rápida incursão nesse mundo de pensamento e belos conceitos, sentindo-lhes a fraqueza, a incapacidade de mudar a face triste do homem de hoje. Assim fazendo, estamos procurando apreciar um dos aspectos bem marcantes das incertezas da conjuntura atual.

Na verdade, parece bem justa a afirmação do Pe. Franca:

"o cristianismo atuou mais como processo histórico do que como doutrina revelada". E ele próprio pergunta: "a revelação do Sobrenatural não terá exercido sobre o pensamento humano, na sua expressão mais alta, uma ação radicalmente transfiguradora de modo que a filosofia simplesmente verdadeira é integralmente cristã?"

As respostas positivas aí vêm:

"é que o cristianismo – sua origem divina o coloca num plano absolutamente singular – é, antes de tudo, a revelação do Sobrenatural". E diz mais:

"a generosidade divina, que lhe elevou os destinos (do homem) à transcendência da visão beatífica é, por excelência, a Boa Nova Cristã..."

Ora, como adequar tais alturas de crença – que levam para fora do mundo material das necessidades – à realidade da vida sofrida do mundo de hoje? É uma posição de apelo à Fé, porém, que não se deixa possuir pelo "querer", mas que é algo do mundo da intuição, interno, que desperta e se afirma no homem que começa a realizar-se na sintonia do espírito.

Convenhamos que nós, os homens da atual humanidade, ainda temos que ser, em grande maioria, um tanto primários, emocionais e egoístas, não por culpa própria, mas porque esse é o caminho da própria evolução, através de experiências sucessivas, felizes ou não!

Desejamos, naturalmente, alimento para nós e os nossos, um teto para abrigo, desejamos conforto e ambiente para lazer; desejamos aprender para conscientizarmo-nos do que se passa ao redor; desejamos educação e ambiente feliz para a família. Só então, e a seguir, desejamos, em passos sucessivos, viver o aprendizado do serviço a outrem – tal o fruto bendito que advém da Mensagem Cristã!

O Sobrenatural, porém, com um Deus transcendente, fora do mundo, já não mais vale para a experiência humana atual em termos amplos, universais. Tem ainda, sabemos, o seu campo e luta contra a maré avassalante, profundamente dinâmica, das aspirações e realizações progressistas humanas, visando à afirmação do homem que se salva a si próprio, pelo mérito do natural e contínuo enriquecimento espiritual.

O que acabamos de dizer incide apenas sobre o pensamento que considera Deus fora *do mundo* e o homem *no mundo* em lutas luciféricas, havendo que salvar-se, restando-nos dizer mais um pouco sobre outras filosofias, situando-nos melhor, em face da conjuntura do pensamento mundial.

Na verdade, o que dizer de tantas outras altitudes filosóficas, como dissemos antes, até mais incapazes de falarem, ao homem de hoje, a palavra que o impulsionaria a mudar o modo de ser político-social que vive ele na aldeia, na cidade, no país, no mundo? Não importa o campo capitalista ou comunista, que esses, ambos, já deformaram e mantêm deformadas, destorcidas, as perspectivas e esperanças humanas! Importa é a verdadeira reformulação interna, vendo claro as razões do existir, os deveres a cumprir na segurança de um melhor destino! ... Vista pequena, egocêntrica, sentido de salvação individual *para um mundo fora deste mundo*? Ou, então, certeza *de massificação generalizada*, com a mística de um coletivismo pesado, indiscriminado, destruindo o estímulo do enriquecimento verdadeiro da pessoa humana? Em ambos os casos, abolição da esperança em uma superior realização individual e permanente, progressiva e eterna, na ciência, na arte, na essência da sua própria vida?!...

Vejamos, rápido, alguns posicionamentos do espírito filosófico que pervaga pelos ambientes humanos atuais, ou nos visitaram em passado mais ou menos próximo, oferecendo ensino, estímulo do *dever fazer*, em decorrência da concepção mais ou menos clara do Universo Moral, em que nos julgamos existir. Para o viver comum, considerar-se o problema da moral, da ética, à raiz da convivência social, sem esquecer a busca do conhecimento natural à curiosidade humana, a aquisição da ciência, que dá consistência à esperanças maiores no progredir.

Então, perguntaremos, aqui, do real valor dos conceitos e ensinos auferidos, em face do drama da humanidade de hoje, colocada entre a conjuntura densa de suas necessidades materiais e as aspirações internas que teimam em persistir no eterno "sonho" de uma civilização melhor, mais justa, sábia e espiritual?!...

Após a sucinta apreciação desse ângulo sócio filosófico da conjuntura atual, em que consideraremos o teor mais ou menos denso ou elevado das Ideologias, que informam o mundo de agora, é que voltaremos ao Imenso Trabalho do Cristo, da Grande Fraternidade Branca, visando ao ser humano no seu eterno "vir a ser", buscando realizar-se sob uma luz espiritual diferente, crística, universal!...

Voltemos, por alguns instantes, a algumas eminências da Filosofia e do pensamento social, dizendo um pouco mais de suas palavras. Apenas àqueles de indiscutível influência, consequente à sua obra.

Segundo Kant, o genial pensador de Königsberg, a conceituação fundamental, visando a dirigir o procedimento humano, repousa no sentido da moral que dita o dever, este caracterizado, em última análise, pela obrigação. A verdadeira moral deve ser puramente formal, patente no dever, este uma categoria possuindo *razão prática*. O dever é apriorístico e universal! É um imperativo sem condições, sem *por que*, nem *para que*. A única coisa considerada boa, sem restrições, é a vontade de cumprir o dever. A vontade é autônoma, independente de Deus e da virtude. Essa independência faz o homem profundamente responsável. Na intenção repousa o principal elemento da moralidade. Kant, distinguindo o mundo da natureza, do mundo moral, firmava a realidade da *lei moral*, consagrada no imperativo categórico que define o dever:

"age de tal maneira que a tua ação possa transformar-se em lei universal".

Tomado o homem de virtudes, como, afinal, um ente moral, não sujeito somente às leis da natureza, pertenceria, então, ou pertence ao reino do espírito, onde age livremente, de sorte que, mesmo regido pela lei da causalidade em suas condições materiais, pela sua essência moral, *legisla sobre si mesmo*, sendo eminentemente responsável.

Como se vê, belos conceitos só acessíveis a pesquisadores ou pensadores filosóficos, sem condições objetivas de polarizar o sentimento humano que domina o âmbito social.

Já Augusto Comte, apesar de sua indiscutível genialidade no âmbito da Filosofia Social, visando ao proceder humano, dá primordial relevância ao sentimento, condicionando toda a sua Filosofia Moral à vivência, à base do altruísmo, sempre presentes os laços entre o indivíduo e a comunidade.

Reconhece Comte características altruísticas no próprio *substratum* do homem. O procedimento correto, configurando a moralidade, se ligaria, afinal, a um atributo intrínseco do ser humano. A moralidade, o proceder correto, desenvolver-se-ia, em consequência, de modo progressivo no tempo e no espaço, firmando-se, através do tempo, em função da variedade de culturas, impregnada de certo relativismo sociológico.

Subordinando o egoísmo ao altruísmo no viver para outrem, sobrepaira no pensamento moral de Comte o dever do homem para com a humanidade. Dessa forma, é que se constitui a Religião da Humanidade, onde o amor a si mesmo é superado pelo amor ao próximo, o que traduz uma das expressões mais altas da dignidade humana.

Como Filosofia de Vida, capaz de inspirar a organização social e política dos povos, vemos que poderia o pensamento de Comte promover uma digna estrutura da sociedade, permeada de amor recíproco entre os homens, impulsionada, por outro lado, pela visão científica, que é a tônica fundamental de sua filosofia. Seus discípulos e naturais sucessores, não obstante a altura científica em que se puseram, não puderam evitar certa deturpação da Filosofia Positiva de Comte, conducente ao materialismo, estabelecendo-se assim um profundo hiato entre o meio materialista e aquele sentimento de altruísmo e amor ao próximo, culminante no *culto da Religião da Humanidade*.

Apesar do gênio presente na Filosofia Positiva de Comte, passou a faltar, nela, impondo-se ao pensamento das elites científicas e político-sociais, uma inspiração superior de íntima integração na vida do homem, nas suas necessidades, na sua intimidade psicológica e no sentido de eternidade do ser em marcha, estimulando-o a, progressivamente, crescer em riquezas, daquelas de que disse o EXCELSO SÁBIO DE NAZARÉ:

> Tesouros no céu, onde a traça não consome, nem ladrões penetram e roubam. (Mateus, 6: 19)

Daí a pouca influência de tão nobre filosofia sobre o caminhar humano, ao longo da 2ª metade do século XIX e esse difícil século XX, em que vivemos.

E Karl Marx? Merecerá que o consideremos mais de perto, porque o seu pensamento filosófico-social, dominantemente dialético-materialista, ganhou condição maior de penetrar o mundo psicológico humano, com acentos de uma quase religião, apesar de negar-lhe a realidade.

Marx nada acrescentou, em verdade, de positivo, novo ou elevado para o estímulo ao bom proceder humano, isto é, aos princípios da ética ou da moral, tendo, porém, valorizado as condições físicas da vivência humana. Essa posição objetiva do marxismo, acabou por conferir-lhe força junto às necessidades básicas do viver: o teto, o abrigo, a provisão do alimento do corpo e a satisfação de justos anseios de lazer, de informações imediatas e até de conhecimentos e técnicas, sempre visando ao básico, fundamental, que se resume na busca do conforto físico e da segurança emocional e psíquica. Por isso é que acabou empolgando parte da sociedade humana e cresceu o seu poder político no mundo de hoje!

Todavia, em face daquele *cristus* interno, que já tanto referimos, e que constitui a essência da criatura humana, onde habita, pois, uma potência a atualizar-se, realizar-se ao longo do infinito caminho, o marxismo é muito, muito fraco, de vez que mutila aquela grandeza interna. Na verdade, pontifica em termos de um naturalismo materialista, explicável quando surgiu, pelo cansaço da insistência metafísico-religiosa já fora de tempo, mas, hoje, definitivamente superada, com o avanço da ciência para as sutilezas do agora "incognoscível". Guardará, apenas, em breve tempo deste fim do século, o mérito de haver sido uma oportuna antítese ao exagero da tese – espírito – deformada pelas religiões e, assim, concorrer para a dinâmica das pesquisas e das experiências, que haverão de culminar em uma NOVA LUZ de SABER e de VIDA do homem de amanhã.

Na verdade, propõe-se o marxismo a realizar a felicidade dos seres humanos, não admitindo, porém, que o indivíduo possua liberdade de escolha! Conjuga a liberdade às leis da natureza, nas quais não vê, por sua angulação científica bastante estreita, o âmbito energético próprio da mente e do espírito em si! Pode, segundo Marx, o homem dominar as forças físicas, mas sempre sujeito ao império das leis da necessidade natural. Em consequência, ao próprio homem jamais caberiam conotações espirituais, restando-lhe limitar o seu destino aos aspectos materiais de sua existência. Entretanto, perante a Humanidade, já se põe uma mensagem extraordinariamente maior, configurando uma Ideologia de insuspeitado valor. Esta, que veremos um pouco à frente, no capítulo seguinte, a qual vimos, até aqui, tanto anunciando como extraordinária síntese de matéria e espírito, apontando o rumo seguro do caminho humano para o melhor, o mais belo, o mais perfeito!

Imitando Teilhard de Chardin, denominaremos *O Fenômeno Humano*, mas não nos termos e segundo as vistas dessa eminência de extraordinária inteligência científica e filosófica e, sim, no sentido mais estreito do surpreendente que, de verdade, impressiona. Trata-se de ver o homem, inteligente e científico, ainda ser capaz de amar e cultivar o superpoder, o ideal do *super-homem*, da força sem complacência e compreensão e amor para com os fracos, a perfeita antítese do Cristo! É, na verdade, um incrível "fenômeno humano", ver-se, de quase 2000 anos ao nosso tempo, a força, o instinto de domínio – que só trouxe sofrimentos, destruições e mortes – ainda se levantar, em plena genialidade de inteligência, possuindo paradoxalmente, visão transcendental de dignas realidades do espírito, tal a figura estranha de um Friedrich Nietzsche!... Não o traríamos à vista do leitor, não fora sua filosofia a flagrante inspiração do pangermanismo culminante em Hitler, quando, sensibilizando milhões e milhões de um povo científico e tecnicamente tão avançado, veio revigorar morbidamente o espírito antidemocrático de fundo anticristão, que já antes despontara na Itália e tendia a alastrar-se, atingindo, então, Portugal e, um pouco depois, a Espanha, chegando a insinuar-se em nosso país!

Exacerbada pelo espírito de raça, criou-se uma demoníaca ideologia, protegida por uma magia negra perigosa, cujo centro principal se abriga, ainda hoje, em pontos secretos do

Oriente, sempre a serviço do luciferismo, que desafia o sucesso das forças do BEM! A Humanidade viveu, em consequência, o drama da 2ª Grande Guerra – 1939/1945, e só um milagre (se os há?) a salvou da opressão da vitória do anti-cristianismo arrogante, violento, ímpar em seu orgulho ligado a um racismo definitivo, inexorável! Fazemos tal referência, na certeza de que essa perigosa ideologia contém, em si, um vigoroso pensamento filosófico, profundamente emocional, que ainda vive nos bastidores humanos. Existem, ainda, entusiastas e crentes naquele mundo de sonho de uma raça que, sendo valorosa, acabou em deformações passionais de mórbido patriotismo consequente à derrota na 1ª Grande Guerra de 1914-1918.

Sentimos ainda haver no mundo a subjacência dessa terrível e anti-crística ideia-força, que culminou no nazismo, depois de haver buscado maturação, também, na alma do fascismo italiano e de outras nações pseudodemocráticas, inclusive o Japão imperial!...

Na verdade, cumpre-nos estar atentos, na conjuntura atual, à tal Ideologia aparentemente desfeita, quando o seu perigo se demonstra no vigoroso pensamento de Nietzsche, que escreveu a maravilha esotérica revelada em o seu *Assim Falava Zaratustra*, mas que, por outro lado, segundo bem resume Will Durant, assim pensava:

– "na batalha, a que chamamos vida, o necessário não é a bondade, mas a força;

– não é humildade, mas orgulho;

– não é altruísmo, mas resoluta inteligência;

– a igualdade e a democracia se chocam com a seleção natural e a sobrevivência dos mais aptos;

– não as massas, mas os gênios são o objetivo da evolução;

– não 'justiça', mas poder, é o árbitro de todas as diferenças, de todos os destinos".

Que mais seria necessário para explicar que tais estranhos pensamentos e posições anticristãs hajam levado, afinal, o Pangermanismo a abalar os alicerces do mundo, destruindo, a qualquer preço de insânia, milhões de pessoas inermes e construindo uma máquina de destruição nunca vista, avassaladoramente poderosa, até o momento em que uma máquina maior, com inauditos sacrifícios, a conseguiu destruir.

Em consequência dessa projeção de imenso poder, vimos, afinal, de um lado, o mundo democrático, tocado de cristianismo, unido surpreendentemente ao mundo materialista do socialismo comunista e, por outro lado, o mundo nazifascista, revigorado pelo então poderoso imperialismo nipônico. Criou-se, em verdade, pela destruição da terrível máquina nipo-nazista, a conjuntura sócio-política mundial atual, em que os amigos de ontem se defrontam e lutam em outros termos e se expandem o quanto podem. Oferecem o quadro atual de vivas tensões, aqui e ali, em disputas mais ou menos claras ou veladas de prestígio e influência!

Enquanto isso, o homem em si próprio se pergunta para onde vai tudo isso, a que fim se destinam os aperfeiçoamentos progressivos das armas atômicas de destruição, se não a imposições ainda da força, aqui ou acolá, pondo, de verdade, em risco de vida a própria humanidade como um todo! Ainda teria sido pouco o aprendizado do sofrimento!?...

Onde então, basear inspiração e força para mudar o quadro de tal perspectiva, se nos mantivermos nos padrões das posições atuais, conforme acabamos de expor, em que não vale a Palavra compreensiva de solidariedade e universal fraternidade, se não, algumas vezes, no disfarce de alguma diplomacia interrogativa, palavra aquela que seria capaz de transformar tal angustiante perspectiva em uma outra de luz diferente?! Sentimos que só será possível isso pelo despertar humano em termos de uma certeza nova, vigorosa e decisiva, que lhe ofereça a própria ciência que, sabemos, velada por Grandes Instrutores do 5° Raio, quando provar, pela imortalidade do ser humano, a sua cidadania eterna no Universo em que se encontra!... Então, a instrução da Palavra Espiritual da Grande Fraternidade Branca terá novo e indiscutível sentido e relevo. Ora, essa demonstração se acha ostensivamente em marcha e muitos "olhos de ver" já viram e veem essa realidade!...

Então, há de crescer no ser humano o sentido de suas responsabilidades, agora, nesta vida e nas sucessivas, aprendendo que a Lei Superior da Evolução da Vida e da Consciência é inexorável e cobra sempre ao devedor, isto é, àquele que a infringe!... No seio da humanidade, agora, há de sentir-se novo impulso e força de sustentação para o BEM, consagrando aquela iluminada Palavra que, vinda de muito longe, de passadas idades, atingiu tal esplendor nos idos da Palestina, pronunciada pelo Excelso Nazareno que, hoje, ainda a profere, tocada de novos e surpreendentes esplendores!...

Pensamos já ser tempo de deixar de lado quaisquer outras maiores referências à orientação ou posicionamentos filosóficos que, afinal, nada dizem ou influem sobre o comportamento do homem social e político atual, apesar de reconhecer-lhes o mérito. Na verdade, facilmente o veríamos em um Willian James do pragmatismo americano, alta expressão de uma Filosofia Prática e objetiva, bem afim com as características desse grande povo. Também, em um Henri Bergson, do intuicionismo, que faz aproximar-se o homem da compreensão do fluxo interno da Vida Universal em evolução, de certa forma uma vista bem nítida dos processos que o Poder Criador impõe ao magnífico caminhar das coisas e dos seres. Ainda, também, em um Edmund Husserl, o grande Filósofo da Fenomenologia, que dá um passo acentuado na apreciação mais perfeita do homem integrado no universo físico e moral em que se contém. Na Filosofia de Husserl, os valores morais se apresentam como objetivos e captáveis por uma visão racional, assim como a visão sensorial dos objetos físicos!... Dessa forma, o reino moral é uma realidade em si mesmo; constitui um verdadeiro cosmo podendo a consciência descobri-lo e penetrá-lo!... Tudo muito belo, mas voltamos ainda a perguntar: que influência têm exercido essas brilhantes inteligências sobre os caminhos humanos?!...

Ficaremos por aqui quanto a digressões filosóficas, que poderiam ir longe, citando o pensamento de alguns outros grandes nomes, pensadores ou homens de ciência, que poderiam ser valiosas palavras de conhecimento – até de vividas esperanças – como as de um Pietro Ubaldi, Teihard de Chardin e Krishnamurti. Não o faremos, porém, no capítulo seguinte, voltaremos à PALAVRA da GRANDE FRATERNIDADE BRANCA, a mesma Palavra do Senhor Cristo, agora continuamente pronunciada através de uma imensa multiplicidade de canais, visando a que possa, em próximo ou mais distante futuro, transformar-se na Crística Ideologia de que carece a Humanidade de hoje.

Diremos, assim da Ideia-Força, do Pensamento-Força, da Ideologia de que necessita a conjuntura social e política que envolve o homem, ressaltando-lhe a intimidade científica, a dinâmica de poder e de esperanças, que faz despertar na mente e no coração humanos, tudo vivificado pela Grande Lei do incessante progredir e afirmar-se ao longo da Infinita Caminhada! Ver-se-á, então, o Cristo, que não está para vir dessa ou daquela forma, neste ou naquele tempo, buscando salvar almas aqui ou acolá, pois que jamais se afastou de sua humanidade. Na verdade, Ele sempre esteve com ela ao longo das tremendas vicissitudes dos séculos difíceis que se foram, e ainda permanece com ela, continuando a operar com Sabedoria, Luz e Poder, para que o homem já possa receber e compreender, a transformação, para o *BEM*, da própria e difícil condição humana!

Capítulo XXI
A essência dialética de sabedoria divina
Uma crística ideologia

> A verdade moral cristã constitui a essência do substratum espiritual que tem aproximado os homens de todos os tempos, quando despertos em sua consciência interna, se têm batido pelo bem, pela justiça e pela fraternidade entre os homens.
>
> Não é, pois, o Estado que infunde senso moral aos indivíduos, aos homens. São estes, elevados à hierarquia de pessoa humana, que transfundem sua própria essência moral na estrutura estatal!

No nosso mundo ocidental, organizado em termos de uma inegável tradição cristã, não de dogmas religiosos interrogativos, mas, na realidade, de sentido de união, de bondade, o qual, afinal, se constitui na verdadeira alma do Cristianismo, o desenvolvimento do capitalismo foi impondo nuances cada vez mais definidas de uma prática egoística, nada cristã, qual a indiscriminada aceitação do lucro, decorrente da valia do trabalho na venda subestimada. Ao longo do caminho e com o evolver do aperfeiçoamento da máquina, pouco a pouco passando ela, como instrumento da produção de riqueza, a mãos de poucos, desequilíbrios se acentuaram e foram mantidos, criando *riqueza* e *miséria*! O interesse egoístico maior da produção da riqueza começou a sufocar o interesse humano natural do bom viver comum, do bem-estar de todos, com vista a um mínimo de conforto, lazer, educação, etc. A grande maioria é, agora, de forma deformada, apenas *elemento de produção*, com direitos limitados e controlados pela supervisão da máquina, que se foi impondo.

Nesses dois séculos, que vêm dos idos da Revolução Francesa, a informação cristã foi levada a se conformar com o "status quo", só questionado, fora da área do marxismo materialista, pela palavra de valia inegável das grandes Encíclicas, a partir da "Rerum Novarum", as quais firmaram, em termos elevados, a Doutrina Social de Igreja, em que se põe, com energia e claridade, o problema do operário. Na questão social, em si, não há como negar, à Igreja, uma lúcida compreensão e atual dedicação ao problema humano.

Em tal quadro da conjuntura mundial, apenas subjacentemente de inspiração cristã, eis que surge a Revolução Russa de 1917, ameaçando os alicerces das estruturas sociais e políticas vigentes naquele tempo. Seria o espírito democrático do ocidente desafiado pela "fúria" reivindicatória das estepes.

A Revolução Russa, filha do evolver das lutas populares contra o Império dos Czares, trazia consigo a evidência de uma forte Ideologia, nada afim com o conformismo cristão que se via do outro lado, sob o jugo do poder imperial. Na verdade, alguns pontos decisivos marcaram a presença do marxismo, constituindo-se eles no *pensamento-força* impulsionador daquela Revolução. São eles:

1°) A negação absoluta do espiritualismo, como Filosofia e, em consequência, do lado espiritual da vida do ser humano. Valores morais? Apenas superestruturas do convívio social, este, por seu turno, com motivações profundas no material, no econômico;

2°) Concepção densamente materialista do Universo e da Vida, inclusive, particularmente, do evolver da história humana, tudo à vista da realidade dialética do processo global da evolução, em que *teses* e *antíteses* se conjugam em *sínteses*, que contêm, em si, os germes das futuras bifurcações para novas teses e antíteses, visando a novas sínteses... e, assim, indefinidamente...

3°) Visão de uma sociedade do homem não capitalista, de proibir-lhe a posse dos meios de produção, reservando-os ao próprio Estado, supremo supervisor do processo, devendo ter sempre em conta o interesse da Grande Coletividade Nacional, que seria o de cada um. Ao indivíduo caberia usufruir, afinal, do progresso, força e riqueza do Estado! Para isso, o proletariado seria o tutor do Estado.

4°) Ao par dos pontos acima, desenvolver dentro do sistema, alto espírito de solidariedade, mútuo apoio irrestrito e decidido, para a expansão mundial daquele espírito de 1917, que se ofereceu ao mundo, tão banhado em sangue quanto o da própria Revolução Francesa!

Posto o que acabamos de expor, poderemos perguntar o que aconteceria, não mais com uma nação, um povo ou grupo de povos, mas com toda a humanidade, isto é, Ocidente e Oriente, se as elites pensantes e operantes responsáveis pelos Governos, se conscientizassem do que poderia oferecer ao mundo uma Ideologia de cósmico teor, abrangendo, em um amplexo, o materialismo realizado, mas mutilador da personalidade humana, o qual apregoa uma pequenez imediatista, só explicável como reação ao pieguismo metafísico-religioso, que tanto obstou o progresso humano? Essa cósmica Ideologia abrangeria, outrossim, toda a inspiração e condicionamentos democrático-cristãos que, de uma forma um tanto estática, existe no Ocidente! Apontaria, assim, para muito alto, oferecendo uma culminante abertura para o espírito humano?!... Seria uma nova Ideologia, que chamaríamos, uma *Crística Ideologia*, não apenas cristã em termos limitados, mas super universalista, para que seu sentido, assim, absolutamente ecumênico, não se vincule ao espírito sectário de quaisquer das ortodoxias cristãs, ou seitas, que invoquem o nome de Jesus, sem o sentido da infinita grandeza que o Senhor Cristo faz projetar-se sobre o homem deste fim de século, esse lustre final, no amanhecer do III Milênio.

Vejamos alguns dos pontos fundamentais dessa Crística Ideologia, mostrando-lhe a infinita abrangência e a magia de esperanças que adviria do conhecimento superior, que apontasse para a REALIDADE MAIOR, em que se desenrola o drama evolutivo humano.

a) Não à negação do espiritual, buscando ver nos valores morais a afirmação de um Espiritualismo Superior, íntimo de um materialismo bem mais extenso do que aquele que dita a ciência atual! Quando o homem sente, pensa e ama, nele se revelam formas de matéria e energia capazes de serem percebidas e ele as estuda, com olhar clarividente!... Na intimidade mais profunda do âmbito da consciência, então, está o *espiritual, o crístico!*

b) Concepção absolutamente dinâmica da evolução humana, ligada intrinsecamente à conjuntura material da existência, mas com limitações, pois o ser humano é definitivamente espírito em evoluções experienciais sucessivas, agindo e reagindo na ambiência econômico-social condicionante das próprias experiências! No prosseguimento dessas experiências, durante vidas e vidas sucessivas, o enriquecimento do ser, ascendendo à Sabedoria e ao Amor, define a progressiva "salvação" da criatura humana no mesmo único mundo em que toda a vida se contém, desde a física, densa, à vida espiritual superior, em que se realizam as tônicas da Arte, da Harmonia, da Suprema Beleza, do Amor e da Crística Sabedoria;

c) Ao longo da história, o espírito dialético dos opostos que se ajustam, em sínteses progressivas, está presente não só no desenvolvimento econômico e sócio-político, como também se traduz e se afirma na energética dos planos sutis e nas aquisições espirituais dos seres em marcha;

d) O Universo, como um todo, está progressivamente a revelar-se, em sua profundidade – como na expansão infinita dos espaços mais distantes – ao homem que continuamente vai se preparando para essas percepções!... Desde passado remotíssimo de tempos que se foram, o processo conduziu criaturas deste nosso e de outros sistemas solares a experiências que teriam resultado em avanços inimagináveis em relação ao nosso estágio atual! Em consequência, a *Lei da Solidariedade Universal* nos asseguraria que as Hierarquias de Seres Maiores velem e orientem o destino de seres menores, como nós! Assim sendo, seria evidente haver uma Hierarquia Planetária que nos observa, acompanha e ajuda, em termos da Lei, ao longo da nossa experiência! Essa hierarquia atualmente se mostra entre nós. Os nossos caminhos são vistos e as nossas responsabilidades pesadas na Balança do Karma, que assim denominamos a *Lei Superior de Justiça!...*

e) Afinal, na alma dessa *Crística Ideologia*, está toda a Palavra do Senhor Jesus, o Cristo, e dos demais Grandes Instrutores até agora pronunciadas à plena face do homem de todos os tempos e, também, do homem atual!...

Ora, dentro do espírito da Ideologia, que acabamos de referir, parece que desaparece o valor de corriqueiras questiúnculas que infelicitam o mundo atual?!... Se a fraternidade é a evidência de uma Lei, como oprimir e explorar conscientemente o irmão nosso, que se sente em desequilíbrio extremado de igualdade? Não! Hierarquia de valores medem méritos que se impõem e valorizam o "a cada um conforme as suas obras". A máquina escravizadora? Não! A máquina é para o homem! A fábrica e o lucro? Não! O resultado, para a distribuição, é o quinhão medido pelo mérito, pela valia do esforço!...

Conhecendo o homem tal ensino, mostramos como a Palavra do Senhor Cristo na Mensagem Teosófica, terá condição de sugerir um mundo melhor!

A verdade, porém, é que essa Palavra, que se encontra na raiz da Crística Ideologia, que apontamos, ainda é pouco conhecida das presunções intelectuais universitárias, das alturas dogmáticas pontificantes no mundo, dos enquistados preconceitos acadêmicos que, densamente, vão conduzindo o evolver de própria Ciência!... E, em consequência, tudo isso é afastado do conhecimento e exercício dos Governos!...

É preciso, pois, que a minoria desperta não tema julgamentos de consagradas ignorâncias cheias de pretensão e dê eco à PALAVRA PRONUNCIADA pelo Senhor Cristo, nos dias que correm!... Que se plenifique o Sistema de Ideias-Força, o Pensamento-Força dessa *crística Ideologia*, que expressa, no mundo de hoje, a VONTADE DO SENHOR! Pensamento-Força, a Palavra do Grande Instrutor, que dinamize e polarize as energias do homem, para um novo renascimento, não simplesmente de um humanismo sem expansão maior, mas no sentido do significado humano em termos do cósmico e do infinito, com as conotações do Crístico, do Divino, que se realizará nos estágios que virão e de que serão titulares os homens de amanhã!

Essa Palavra, verdadeiro cerne da Nova e Silenciosa MENSAGEM do SENHOR, já vimos dela falando e expondo, ao dizê-la mais ostensiva e própria, luminosa e perfeita, desde a 2ª metade do século passado, quando a Hierarquia Espiritual Planetária passou a mostrar-se ao mundo, e a Voz do GRANDE INSTRUTOR passou a ouvir-se e a afirmar-se, incisiva e forte, por toda a parte e por todas as formas, em termos de excepcional grandeza!...

Onde e como? Os "olhos de ver" e os "ouvidos de ouvir", os corações capazes de amar em "espírito e verdade", já veem, já ouvem e já despertam para a essencialidade espiritual da vida, acordados por aquela Voz, que fala, por uma multiplicidade imensa de canais, ao espírito inquiridor do homem de hoje. Onde e como, de que forma, em que ambientes, se revelam os divinos acentos desse chamamento transcendental ao homem de hoje?!..

No evolver da própria ciência, cada vez mais o sentido do denso, do estritamente material, segundo clássicos conceitos, desaparece e a matéria se desfaz nos vórtices da energia! Esta, por seu turno, tende a unificar-se e a mostrar-se em projetos de luz, dando razão à Palavra Bíblica – "Fiat Lux" e a Luz se fez. E o mundo passou a existir. Mais ainda: o caminho se abre para a riqueza infinita da mente e prova que a unidade essencial da luz e da mente na alma do Universo está em marcha! O Universo, em sua mais profunda intimidade, seria luminoso e mental!... Tudo isso, no que respeita ao conhecimento, não estará justificando, perante o exigente racional humano, aquele *Ensino*, que expusemos na 1ª parte deste livro, quando dissemos da Cosmo Gênese? Que será, afinal, se não o zelo e a paciência, o exercício da Lei, cujos caminhos os Magnos Instrutores do 5º RAIO do Pensamento Concreto, pouco a pouco, vão estimulando a pesquisa científica, visando a uma claridade maior, junto à experiência consciencial humana!? Não estará aí a Suprema Voz Silenciosa ajudando-o a realizar-se nos nobres caminhos da razão científica? E os grandes cientistas que ouvem a voz silenciosa de estímulo à inteligência curiosa e em dedicados trabalhos de pesquisa e adequações sucessivas, vão descobrindo, intuindo e sistematizando o digno conhecimento humano!? Não estará aí o grande interesse do Grande Instrutor do Mundo, junto ao 5° RAIO do Pensamento Concreto, de responsabilidade do Mestre Hilarion, da Ciência sob qualquer ângulo, ou incidente sobre qualquer âmbito de observação e estudo? O espírito de colaboração entre cientistas de todo o mundo, visando ao conhecimento maior, não demonstraria, nessa fraternal solidariedade, a presença espiritual do Grande Instrutor que zela pelo progredir?... As Associações científicas do mundo, reunindo-se em magníficos e internacionais conclaves, já não tanto dizem dessa união fraternal nos âmbitos avançados da ciência humana? Não estará aí a invisível e crística centelha que aproximará, mais e mais, o homem de pensamento e investigação de todas as nações?!"... Por estranho que pareça aos olhos do mundo um tanto surpreso, não se encontram no âmbito de grandes nações materialistas, seríssimas pesquisas sobre as energias mentais do homem, fazendo pressentir avanços e descobertas, que poderão modificar a face preconceituosa e sem vigor de um materialismo já "*sem matéria*", deformado e deformante, levando ao acordar para a essencialidade do espírito?

No âmbito das religiões do mundo, por toda parte, acordando e começando a revigorar-se, está a necessidade imperativa do espírito ecumênico que fez João XXIII inspirar de conteúdos amplos a intenção dominante do Concilio Vaticano III. No seio da própria Igreja Luterana, à sintonia de invocação do "Espírito Santo", o trabalho de pregação e cura de iniciativa de grandes pastores, impressionando imensos auditórios. É que começa a projetar-se, em fluxos de inconfundível energia espiritual, aquela Palavra do Excelso Nazareno, quando ensina aos discípulos deverem estar atentos às necessidades humanas: "ide, curai os enfermos, limpai os leprosos, levantai os paralíticos, dai de graça o que de graças receberdes" (Mateus, 10: 8).

Na verdade, sabe-se de Pastores que se vão impávidos, corajosos, por esses caminhos, invocando o Supremo Poder e pregando, curando e buscando fazer nascer uma Igreja Nova! Sabe-se, outrossim, do imenso número de curadores de variados matizes que, mesmo sem credenciação médica, aqui e acolá, invocando o Mestre Nazareno, promovem curas, exercem o ministério decorrente daquela palavra de mágico poder, assim pronunciada:

"se tiverdes fé, fareis tudo o que eu faço e mais ainda".

E, através da medicina psicossomática, cresce o campo das curas psíquicas, ampliando euforicamente a certeza da valia da ação de tais curadores, os "curandeiros", que procuram assistir ao irmão humano, cultivando o Cristo místico do seu coração, pela bondade e pelo amor.

Tudo isso e os grandes ambientes das peregrinações religiosas, em que se buscam "milagres" de Santos reconhecidos pela Igreja, os "milagres" de Fátima ou Lourdes entre outros, aqui ou acolá, como também a busca de famosos "curandeiros" de teor espírita em sentido amplo, da umbanda de todos os níveis aos refinados ambientes de conceituados centros, ou outros curadores mais reservados em seus métodos, representará, não mais que um caminho em que se encontra a inspiração do Grande Instrutor, agora, como nos dias da Palestina, procurando proteger pela bondade e assistir junto à necessidade? Agora, não a palavra, mas a vibração de vida e cura, que tantas vezes tem deixado perplexa a própria medicina humana?! Não será esse um tipo de Palavra de Vida e íntima instrução, para o despertar humano para uma Realidade Maior? Eis uma nova modalidade do trabalho do Senhor Cristo no mundo de hoje: paciência, solicitude, amor junto à necessidade humana, a Sua mesma palavra, nos tempos de hoje, da cósmica e bendita assistência a tantos, nos dias da Palestina! O exercício, agora, daquele Poder que assinalamos, quando falamos das curas durante a Sua ímpar peregrinação de amor, pelos campos, aldeias e cidades da Palestina! Restabelecem-se as "coisas" segundo o dizer evangélico e a religião deixa de ser filosofia, dogmas e exteriores obrigações, para ser novamente exemplo de AMOR e VIDA.

E, agora, finalmente, a Voz, a Palavra, o Ensino Iniciático, possuindo profundidades insuspeitadas, quando desce aos arcanos mais íntimos e secretos do ser e, também, quando promove expansões que levam o espírito ao longo de infinitos que se sucedem para mais além de toda e qualquer possível concepção, por mais audaciosa e vertiginosamente transcendente que possa ser!

Esse é o sentido do cósmico, da plena abrangência, eminentemente solar, em que se sente fundir-se a alma das estrelas e das galáxias!...

Aqui, é de encontrar-se, com amplitude, o mundo de ensinamentos que a maioria, apenas veladamente, se encontra na mensagem evangélica de Jesus! Dela apontamos somente poucas passagens, quando nos referimos ao ensino esotérico do Excelso Nazareno. Não havia dito Ele que, de futuro, "O Espírito de Verdade" restabeleceria todas as coisas e ensinaria outras tantas que, então, não poderiam ser apreendidas?!...

É o que agora vemos, no mundo de hoje, sob a magna orientação do Grande Instrutor do Mundo, o Senhor Cristo, quando das alturas da Grande Fraternidade Branca, desceram, no século passado, primeiro a Palavra Espírita e, a seguir, a Palavra da Teosofia.

A primeira, a Palavra Espírita, como já acentuamos, hoje se prolonga numa verdadeira ciência de laboratórios e universidades – Metapsíquica, Parapsicologia, Psicobioenergética, Psicobiofísica ou Psicotrônica, qualquer que seja a denominação – a Ciência que se constitui na "Grande Esperança", propagada por Charles Richet. Ela vem aí e demonstrará, objetivamente, ao espírito demasiado cético e racional do homem, o Universo Espiritual e Moral de que ele participa, acredite ou não, sob o inexorável império de uma Lei da Evolução, em que se mostram a Vida e a Consciência a se manifestarem e enriquecerem, através das formas que nascem, vivem morrem e se substituem no eterno "vir a ser" da dinâmica que o envolve.

A segunda, a Palavra Teosófica, a plenitude de um ensino jamais suspeitado pela vulgaridade humana. É ela uma expressão viva, orgânica, de substancialidade a toda prova, do conhecimento maior da própria Vida, já patente na suprema inteligência, luminosa intuição e visão espiritual direta da realidade, por parte dos grandes gênios e extraordinários Instrutores que, desde remotíssimo passado, têm visitado a face planetária. Profunda ampliação da Palavra Espírita em direção à interioridade mais íntima dos mistérios do ser, como, também, extensão sem limites dessa mesma Palavra aos níveis mais sutis da própria manifestação. É de ver-se como a Palavra Teosófica se revigora e enriquece de fundamentos indiscutíveis, quando a Ciência caminha e dissolve a matéria em campos energéticos, quando se registram vozes que se guardam nos arquivos akásicos – memória viva da própria natureza – ou quando se fotografam formas mentais, o que insinua a verdadeira unidade fundamental do sistema físico mental, quando, ainda, pelo estudo da vida secreta das plantas, nelas se surpreende a presença de uma energia de vida que lhe marca até o teor de consciência subjacente à sua estranha sensibilidade. Então, a Palavra da Teosofia mostra ao homem a evidência do seu caminhar para os estágios sobre-humanos, onde se encontram os seres ascensionados da nossa própria realização planetária!

Essa visão do mundo, ensino que se processa por tão diferentes caminhos, não será, mais uma vez, aquele Trabalho do Grande Instrutor do Mundo, que expressa a Voz que fala das alturas maiores de Hierarquia Espiritual Planetária? E a perspectiva que se abre em termos de pensar em Hierarquias Solares, que ora se sucedem, ora se ajustam, ora se conduzem sempre para mais Alto, para a Luz MAIOR de uma Cósmica e Universal Sabedoria, perante cuja perspectiva o espírito humano há que parar, banhar-se em plenitudes luminosas indefiníveis, reverenciar e, humildemente, aspirar a realizar seus próprios passos com destino a esses Infinitos?... Não será essa vista, transcendental inspiração que, da Hierarquia Branca, chega até nós, sob a inspiração do Senhor Cristo?...

Mas esse trabalho de ensino não fica em uma mensagem atirada ao sopro dos ciclones devastadores humanos! Não, a mensagem é tranquila, forte e operante, no seio de associações e ordens iniciáticas de teor o mais variado, todas, porém, segundo básicos ensinos e práticas, em que a dignidade do homem se apura e busca abrilhantar-se pelo conhecimento, pela dedicação e aplicação de técnicas e desenvolvimentos intuicionais, na busca da vivência interna do "Cristo", de coração, refinando esperanças que se põem em uma auto realização de excepcional valia!...

Então, várias nuances de ensino e de construtiva atividade, que vão desde a tônica mística de instituições como o Sudha Dharma Mandalam, conhecimento, busca dominante entre essênios e gnósticos, às tônicas variadas das diferentes Yogas, dispondo-se da Bhakti, da Gnana ou Raja, às técnicas de significado profundo da Krya e a prática objetiva da Karma Yoga!... As várias e superiores modalidades da Rosa-Cruz, até mesmo o alto nível em que se coloca a atividade da Maçonaria em suas diversas denominações, quando mantém límpido o ideal a que se propôs, desde os idos das maiores opressões políticas e perseguições religiosas, tudo isso e, ainda, o Trabalho, a Presença e o zelo de Amor do Senhor Cristo junto à Sua Humanidade!...

E, ainda mais, quando vemos, na conjuntura do nosso próprio viver difícil e aflito, como comparecem a grandes áreas, enaltecendo, aplaudindo, em ingênuas, mas tão sutis e mesmo espirituais manifestações, elevadas autoridades religiosas como, por exemplo, as Bênçãos que os Papas proferem das alturas do Vaticano ou de Castel Gandolfo! Ou, ainda, quando, em casos análogos, memoráveis visitas, como as do Papa atual, João Paulo II ao México e à Polônia, aplaudido e reverenciado por centenas de milhares de fiéis, ao beijar, em sentida homenagem, a terra que visita ou a própria terra do mundo de sua infância, no caso a Polônia, abençoando com verdadeira simplicidade de um inspirado da Hierarquia Branca! Quando vemos tudo isso, pensamos no intenso trabalho do Senhor Jesus, do Raio Devocional, a visitar, no silêncio interno as almas, esses milhares e milhares de corações humanos, alimentando-lhes os anseios de paz, amor e espiritualidade! Esta é ainda uma forma extraordinária de presença do Cristo, em meio à Humanidade de Hoje!... Até mesmo nos pequenos e grandes cerimoniais, em simples templos que reúnem poucos fiéis ou em pompas litúrgicas impressionantes das grandes e famosas catedrais, como também em ambientes abertos, em que se realizam outros tantos cerimoniais, o ensinamento esotérico, teosófico, faz ver a presença de Energias Espirituais que se polarizam através de canais os mais diversos, realizando a magia da Crística Força, que visa e alimenta os corações humanos. Trabalho do 7° RAIO – da Magia e do Cerimonial, em perfeita sintonia de ação e comunhão com o Grande Instrutor Espiritual do Mundo, o Senhor Cristo.

Afinal, ainda em termos de Presença e Ação, com vista à projeção de sua ÍMPAR FIGURA, invisível ao olhar comum, mas límpida e luminosa para os que já se sentem seguros no CAMINHO do Senhor CRISTO, ressalta a imensidade de SEU LABOR, junto ao Governo Político dos Povos. São instituições e organizações de toda ordem que, desde muito baixo, na hierarquia social, até bem acima, operantes junto aos dirigentes do Estado, trabalham naquele espírito de serviço, em bem de cada um, com aquela intuição natural de que, assim, há de vir o Bem a todos, da comunidade. Isso revela *Bondade* e, onde há Bondade, seja qual for a crença, e até a falta de crença, Jesus, o Cristo, aí está. Tal o caminho anônimo, mas não menos pleno de valor, que segue a Bondade do Coração Humano, pouco a pouco enriquecendo-se e galgando novas alturas! Aí, o silencioso trabalho do Cristo que, quantas vezes há que se expressar em organizações de cúpula, como a das Nações Unidas, batendo-se pelos retos caminhos humanos, cujos rumos traçam em memoráveis documentos como, por exemplo, o da Declaração Universal dos Direitos Humanos! Não estará aí, na verdade, uma perfeita cartilha de alto nível moral e espiritual, do mais elevado Cristianismo que, urge, apenas, adotar, praticar, sentir e viver?!...

Ei-la, em alguns dos seus pontos mais incisivos, denotando o alto nível espiritual dos seus postulados:

Art. I – Todos os homens nascem livres e iguais em dignidade e direito. São dotados de razão e consciência e devem agir em relação uns com os outros com espírito de fraternidade.

Art. II – Todo homem tem capacidade para gozar os direitos e as liberdades estabelecidas nesta Declaração, sem distinção de qualquer espécie, seja de raça, cor, sexo, língua, religião, opinião política ou de outra natureza, origem nacional ou social, riqueza, nascimento ou qualquer outra condição.

Art. III – Todo homem tem direito à vida, à liberdade e à segurança pessoal.

....

....

....

Art. VII – Todos são iguais perante a Lei e têm direito, sem qualquer distinção, a qualquer proteção da lei.

....

....

....

Art. XII – Ninguém será sujeito a interferência na sua vida privada, na sua família, no seu lar ou na sua correspondência, nem a ataques à sua honra e reputação. Todo homem tem direito à proteção da lei contra tais interferências ou ataques.

....

....

....

Art. XVII – Todo homem tem direito à liberdade de pensamento, consciência e religião; este direito inclui a liberdade de mudar de religião ou crença e a liberdade de manifestar essa religião ou crença, pelo ensino, pela prática, pelo culto e pela observância, isolada ou coletivamente, em público ou em particular.

....

....

....

Art. XXI – A vontade do povo será a base da autoridade do governo.

....

....

....

Art. XXV – A maternidade e a infância têm direito a cuidados e assistência especiais. Todas as crianças nascidas dentro ou fora do matrimônio, gozarão da mesma proteção social.

Art. XXVI – Todo homem tem direito à instrução. A instrução será gratuita, pelo menos, nos graus elementares ou fundamentais.

Art. XXVII – Todo homem tem direito de participar livremente da vida cultural da comunidade, de fruir as artes e de participar do processo científico e de seus benefícios.

Dispensa comentário qualquer o sentido do alto nível espiritual em que se põe essa "Declaração Universal dos Direitos do Homem", adotada pela Assembleia Geral das Nações Unidas, em 10 de dezembro de 1948. Bem comprovam os termos dessa "Declaração" o que vimos afirmando, quanto à realidade de que, de uma forma ou de outra, subjacente ou claramente, a mensagem espiritual essencialmente cristã perpassa pelos espaços interiores humanos e aí vive e atua.

É de ver-se, na verdade, essa presença na letra e no significado das próprias Constituições e leis básicas, fundamentais, que regulam e dão força aos sistemas jurídicos, em que vivem os chamados povos civilizados dos dias que correm. Por todas elas, a mesma inspiração, mais próxima ou remotamente, emana da perenidade e da magia espiritualmente construtiva da Palavra dos idos da Palestina. Essa Palavra que, hoje, renasce, se revigora e está presente, à forma de uma Palavra não pronunciada, mas atuante, sem rótulos religiosos quaisquer, quando os homens de agora se reúnem e estabelecem normas para o seu convívio social e político. É que está escrita aquela evangélica palavra:

"Passará o céu e a terra, mas as minhas palavras nunca passarão".

Pena é que a conjuntura do viver humano ainda tanto negue tudo isso, que um dia informou os propósitos maiores dos que sonharam e procuraram plasmar, nesses documentos escritos, um mundo mais nobre, mais digno, que ainda está por vir.

Capítulo XXII
Conclusão

Concluindo este livro, procuramos a integração de tudo o que foi escrito, no sentido de mostrar, patente e objetivamente, a Unidade Interna que se revela na intimidade do mundo e o conduz e governa.

Daí a razão pela qual, tratando inicialmente da Cosmo Gênese, indicamos a natureza una, apesar de diversificada, das Energias Cósmicas Primárias imanentes da Potência CRIADORA, fazendo-se ver, a seguir, em nível solar e, depois, planetário.

É bem de ver que, dado a natureza deste trabalho, estaríamos bem longe de um mínimo de sensatez, se procurássemos detalhar tão alto ensino que nos chega de "Fonte Maior", tratando aqui da forma pela qual as energias consideradas derivariam daqueles 3 (três) primeiros RAIOS DE PODER. Isso, estudamos nos primeiros capítulos deste livro, ou seja, as energias vigentes no ambiente da vida planetária: elétrica, eletromagnética, nos níveis físico, biofísico ou biológico, energia de vitalidade, kundalínica, astral ou psico-mental, de todas as gamas hierárquicas etc...

Apesar dessas restrições, parece-nos haver dito o bastante e necessário para compreender-se como o homem, já em nível avançado, haveria de caminhar para conhecer a energética divina presente em toda a manifestação e, por isso mesmo, subjacente a ele próprio, constituindo-se, então, na causa essencial de sua existência! Por outro lado, poderia um dia essa energética ser utilizada, manipulada pelo próprio homem, de vez que, em si, na profundidade do seu verdadeiro ser, *ele* é, também, uma "potência" a realizar-se, em atualização de poder, coparticipe do cósmico processo em marcha!...

Por essas razões, é que Jesus de Nazaré, o Cristo, Ascensionado Ser de antigas idades neste ou em outros sistemas, dispunha de tão estarrecedor poder, patente nos espantosos acontecimentos proclamados pela Palavra Evangélica! Demais Ele, o Cristo – Jesus, afirmou da realidade potencial presente na nossa condição humana, estimulando-nos a procurar aquelas alturas de poder e a própria perfeição divina!...

Quando tratamos de Jesus de Nazaré – o SEU FAZER, culminante nas curas "milagrosas", o Seu Ensino Exotérico e Esotérico, a Vivência de Amor que exemplificou, visávamos a mostrar, no mundo de hoje, o mesmo ASCENSIONADO MESTRE a repetir as mostras do Seu Poder junto à necessidade humana, a enfatizar a profundidade do Seu Ensino nos dias que correm, agora, porém, em tônica de imensa amplitude! Na verdade, atualmente, eis que apela à inteligência do mundo de hoje, em termos de excelsa grandeza, como procuramos mostrar, referindo os caminhos avançados e sutis da ciência, quando dissolve a matéria na energia e procura identificar, esta, às vibrações energéticas da Luz que dá vida ao mundo e quando, afinal, em seus âmbitos de pesquisa, inegavelmente mais altos, busca o espírito!

O Ensino, que antes dos idos da Palestina, até bem pouco, se punha esotérico, velado, agora, estaria ou está entregue à claridade da mente humana e à bondade do coração capaz de amar.

Assim é que chegamos a enfatizar a gênese, presença e possível vívida atuação de uma CRÍSTICA Ideologia, fundamentada e impulsionada pelo Ensinamento Superior, que desce das Alturas das Grandes Hierarquias Espirituais Planetárias, sob a Suprema Visão do Grande Instrutor do Mundo, o Senhor Cristo – "CAMINHO, VERDADE E VIDA" da PALAVRA EVANGÉLICA!

Procuramos dizer da inoperância de Filosofias brilhantes, mas de limitada influência no evolver das sociedades, como sendo frutos de inspirações ideológicas, que ciaram grande poder, no conduzir, de forma deformada, nações de alto porte.

Ainda mais, com inegáveis limitações dos seus pressupostos passionais, místicos, ora de um cientificismo extremado, espécie de perigoso dogma, que oprimiria e encheria de sombras e interrogações a evolução social e política dos povos! Dissemos, também, da falência da Teologia, apesar do brilho de sua palavra, denunciando-lhe o posicionamento artificial. É que se apega ao Sobrenatural, com acentuado desprezo dos postulados da ciência, caindo assim em descrédito de desvalia, em face das elites dirigentes do mundo de hoje.

Na verdade, que mais certo do que afirmar, com João XXIII, em sua Encíclica "Mater et Magistra", quando diz e mostra perfeitamente como o desconhecimento da ordem moral "duma ordem transcendente universal, absoluta, de igual valor para todos" nas relações entre os povos, acabaria na destruição de uma recíproca confiança! Assim, está escrito:

> A confiança recíproca entre os povos e os Estados não pode nascer e reforçar-se senão no reconhecimento e respeito de ordem moral. Mas a ordem só pode edificar-se sobre Deus; separada de Deus, desintegra-se. O homem não é simplesmente um organismo material; é também um espírito dotado de pensamento e liberdade.

Como várias vezes já indicamos, a presença da Igreja, ou melhor das Igrejas, na conjuntura do mundo atual, sob muitos aspectos, projeta a Figura e o Ensino do Senhor Cristo no mundo de hoje. Tal assim o vemos em passagens como a retro citada. Falta-lhes, porém, integração à realidade humana, na sua orgânica natureza, integração que a Teologia menospreza, pondo-se fora do mundo, no Sobrenatural. Daí a decadência, o declínio de força da Palavra das Igrejas, vítimas de apressadas "*verdades absolutas*", que o evolver do espírito humano definitivamente repele.

Propusemo-nos a mostrar, sob novo ângulo, a Excelsa Figura do Senhor Cristo, em face do mundo de hoje. Pensamos estar seguros de que assim o fizemos, salientando que a sua PRESENÇA E ATUAÇÃO não se condicionam ao trabalho de um ser isolado, mas à organicidade de homens já bem à frente da vulgaridade atual, que constituem a GRANDE FRATERNIDADE BRANCA. Assim é que não se trata mais de cultuar missionarismos eventuais, por brilhantes e elevados que sejam, personalidades que transcendam à sua época, mas, sim, do *conhecimento* de uma orgânica estrutura de Poder Espiritual, Almas de Escol, dedicadas ao BEM HUMANO, reunidas sob aquela denominação, isto é, de "GRANDE FRATERNIDADE BRANCA"! Em consequência, podemos ver, de forma ainda um tanto velada, mas presente e ativa, que a Ciência de hoje, a rigor, já pesquisa efetivamente a imortalidade do ser – no âmbito da Parapsicologia -, o fenômeno da morte e da reencarnação, sob a forma de fenômenos de memória extra cerebral, utilizando técnicas de regressão hipnótica, enfim, várias gamas de observação e de experiências na área da metapsíquica – espiritismo científico. Tudo isso são atividades do campo do 5° RAIO, O RAIO CIENTÍFICO, como indicamos. Podemos ver, outrossim, a Grande Fraternidade Branca na atuação junto às próprias Igrejas, nos seus misteres devocionais, em que vibra e se revigora a nota do espiritual, trabalho do 6° RAIO, em que a ímpar "Figura de Jesus" é universalmente invocada. Tudo isso se passa em perfeita harmonia com o trabalho Espiritual, realmente ecumênico, do 2° RAIO, diretamente conduzido pelo Senhor Cristo – Maitreya, o Grande Instrutor do Mundo! Ainda mais, como vimos, a conscientização da valia do Cerimonial, implicando Alta Magia, através da qual flui Energia Divina ao coração humano, atividade do 7° RAIO sob a responsabilidade do Mestre St. Germain, este tão conhecido e venerado, não na liturgia exotérica das Igrejas, mas nas práticas mais reservadas do silêncio dos Templos Iniciáticos!

Por essas breves referências, a propósito do que antes havíamos exposto, já vemos que apreciamos, de verdade, sob um novo ângulo, o imenso TRABALHO DO CRISTO no mundo, principalmente porque sabemos de sua Excelsa Presença ATUANTE em todos esses RAIOS operacionais da Grande Fraternidade Branca.

Mas não é só isso. No âmbito operacional do 3° RAIO, em que ressalta a Excelsa Figura de um MAHACHOAN, Raio da Civilização, da síntese da Inteligência, do Amor e do Fazer, eis que aí está em gloriosa comunhão, ainda, a PRESENÇA ÍMPAR do SENHOR CRISTO, nos termos em que, mesmo palidamente, expusemos, quando dissemos de uma CRISTICA IDEOLOGIA, capaz de transformar o mundo – para o MELHOR!... É que, no âmbito do 3° RAIO, se encontram patentes as atividades políticas, conducentes à Chefia dos Estados, ao Governo das Nações e, em consequência, aos condicionamentos normativos da evolução social!...

Que mais poderíamos acrescentar sobre o Senhor Cristo, se não afirmarmos que O vimos e O vemos agora como:

"Científico, Social e Político!?..." Poderemos, porém, finalizando, dizer ainda alguma coisa que nos parece bastante oportuna.

Os Adeptos, Mestres ou Seres Ascensionados da Grande Fraternidade Branca não são "almas do outro mundo", Fantasmas ou Potências Imaginárias que devam ser objeto de crença impositiva ou culto religioso, conduzido desta ou daquela forma! Não. São seres, irmãos nossos, apenas bem mais experimentados e realizados de conhecimento, amor e poder! Convivem conosco e não se encontram em ambientes celestes interrogativos, longínquos ou mais próximos! Moram conosco, habitam a nossa mesma face planetária e podemos conhecê-los, pessoalmente, se para isso soubermos preparar-nos. As alturas himalaicas da Ásia Central não são o único ponto em que vivem. Na Europa, América e outras partes, alguns deles, sabemos, vivem e daí operam! Na verdade, está escrito de todos os tempos:

"Quando o discípulo está pronto, o Mestre aparece!..."

Como nos preparar, senão pelo caminho da boa luta pelo amor e pelo serviço à causa do nosso irmão humano, caminho já indicado pelo Grande Instrutor desde os idos da Palestina? Aliás, confirmando a Palavra de Ensino, que já vinha de tantos séculos antes, particularmente, do Ensino do Grande Iluminado Buda, a seu tempo, o Grande Instrutor Espiritual do Mundo? Que caminho é esse, emergente à vista humana, desde que a Luz de Buda foi derramada sobre o mundo?

O caminho da fraternidade, solidariedade e amor, cultivando sempre *RETIDÃO: retidão no pensar, retidão no sentir, retidão no agir!*

Então, seguindo esse caminho, *Buscar* a Verdadeira Senda, em que os "olhos do espírito" se abrem para a Luz Maior! Então, a "pequena luz" se acenderá e vai crescendo, se intensificando ao longo do percurso do discípulo na Senda que, afinal, como foi escrito por EXCELSO MESTRE, ela se transformará em Luz Infinita! Aliás, aqui enfatizamos essa Palavra do Mestre, que já referimos, quando tratamos do ensino esotérico de Jesus de Nazaré!...

Dessa forma, o discípulo se prepara e, segundo a Palavra de Esperança, o Mestre aparecerá! Daí, para frente, os passos se firmam e o caminho é perlustrado com segurança e fé.

Não encerraríamos, porém, este livro, à forma que nos pareceria mais justa e, até mesmo, para nós, impositiva, se não incluíssemos, neste final, referência a seres estelares que nos visitam, isto é, seres extra-solares que, de seus mundos distantes, acorrem até nós! É que extraordinárias observações e experiências pessoais, por felicidade largamente testemunhadas, segundo se encontram relatadas em nossos livros precedentes (*A Parapsicologia e os Discos Voadores* e *Mergulho no Hiperespaço*), nos compelem a sair do silêncio. Na verdade, ouvimos essa palavra:

> Constituímos apenas uma, do número imenso de pontas de lança de seres extra-solares, que desejam ajudar a Vocês, humanos.

Ora, no contexto dessa palavra, a que se seguiram todas as informações constantes do nosso mencionado trabalho *Mergulho no Hiperespaço*, parece encontrar-se a tônica do motivo raiz da decisão de aproximação maior desses visitantes.

Então, são as aberturas para uma Realidade Maior, são perspectivas que desafiam a nossa Ciência e nos oferecem a certeza de que os Instrutores Maiores, que estiveram ou que se acham conosco, estão certos quando nos dizem do evolver humano para um estágio espiritual mais avançado, digno, superior!

Ora, em meio à imensidade de fenômenos que vivemos, em companhia de tantos companheiros e companheiras pesquisadores, *um* sempre ressaltou e impressionou aos observadores: surgir uma esfera luminosa e dela partirem jatos de luz dourada intensos, iluminando toda a região, desde as encostas distantes, o vale, o local em que nos encontrávamos, a vários quilômetros, quando pronunciávamos, em reverência, o nome do Grande Hierarca da Fraternidade Branca, o Senhor Cristo – Maitreya!...

Ocorrências como essa aconteceram dezenas de vezes e amplamente testemunhadas!... Só por isso, por serem testemunhadas, é que podemos mencioná-las.

Amando a verdade e dispostos a enfrentar quaisquer juízos da ignorância ou da falta de fé, bem assim da "inteligência" deformada que busca o ridículo para demonstrar-se superior, afirmamos, aqui, a nossa certeza de que tal acontecimento, em tais circunstâncias, na verdade justificadamente inacreditáveis, para nós evidenciaram o entrosamento e a comunhão de objetivos entre a Grande Fraternidade, na pessoa do Senhor Cristo-Maitreya, invocado, e aqueles Seres, cuja altura de propósitos e estrutura de espírito ressaltam do que nos disseram em *Mergulho no Hiperespaço*.

Aliás, nesse livro, há passagens explícitas, que bem dizem da solidariedade cósmica, que trouxe esses avançados seres de mundos tão distantes até nós, dizendo, outrossim, da evolução, em seu mundo estelar, de um dos Grandes e Ascensionados Mestres da nossa Grande Fraternidade.

Verdade ou não, aquela projeção de luz extraordinária (certa vez, a 70m apenas de distância, com cerca de 20 minutos de permanência, à forma de uma luz azul muito clara, da qual nos aproximamos até cerca de 10 metros), certo diálogo, constante do livro citado, em que se envolve explícita referência a Kut-Humi. Mais que tudo isso, a nossa experiência, em que fomos pessoalmente contatados e instruídos, a dedicar-nos com amor a tais pesquisas, pelo nosso próprio Mestre, tudo isso nos assegura a certeza de que a Grande Fraternidade Branca se acha em comunhão de viva simpatia e trabalho em relação a esses visitantes estelares, que aqui chegam por vias que a ciência humana ainda não conhece e que se acham indicadas no nosso referido livro, *Mergulho no Hiperespaço*. Assim, eis mais um aspecto do TRABALHO DO SENHOR CRISTO, SUPREMO HIERARCA dessa Augusta Fraternidade, no Mundo de Hoje: preparar-nos, por caminhos ainda não bem revelados, para uma CÓSMICA CIÊNCIA, que, afinal, nos faça participar da vida superior, que se estende e se desenvolve em âmbitos extra-solares!

Quem sabe? Os novos céus e as novas terras onde a justiça habita, da palavra de São Pedro, em sua segunda Epístola, que já referimos e aqui repetimos:

> E de acordo com a sua Promessa, há novos céus e novas terras, onde a Justiça habita. (Pedro, 3:13).

Aqui encerramos, em definitivo, o nosso livro. Verificando as suas deficiências, omissões, incertezas e, também, identificando certas "audácias" dificilmente aceitáveis. Queira o leitor relevar tudo isso e, no seu mundo interno, procurar fazer acordar aquela imensa capacidade de perdoar, de que necessita o autor, por haver tido a coragem de, apesar de suas provadas deficiências, aventurar-se a tão IMENSA e FASCINANTE TAREFA de DIZER do SENHOR CRISTO NO MUNDO DE HOJE! Cumprimos, porém, a Tarefa, que nos coube, com a qual nunca havíamos sonhado ou, nem de leve, pressentido. Bem ou mal, certo ou errado, *eis o livro*.

Desde o início deste trabalho, escrevemos que uma semente qualquer de posicionamento diferente em face do problema humano, com vista à Ciência, à Filosofia e à Espiritualidade, havia que ser lançada na ambientação da nossa humanidade. Aceitamos, pois, a tarefa, porque aprendemos a crer e a ter esperanças! Daí a nossa tranquilidade, quando relembramos certa palavra do Senhor, em o magnífico livro *Roma e o Evangelho*:

> A semente não é lançada no terreno sáfaro e infecundo, mas, sim, naquele em que pôs suas esperanças o ativo e diligente lavrador.

Assim é que oferecemos este livro ao pensamento aberto e às capacidades intuitivas do leitor, que busca situar-se melhor frente à difícil conjuntura humana atual, em face da própria vida, agora informada de novos conteúdos de esperança e fé.

Que possa ele cumprir o destino visualizado pelo autor.

❁ ❁ ❁

Sobre referências bibliográficas

O original do livro não contém, em seu término, uma "referência bibliográfica", apesar de Alfredo Moacyr M. Uchôa, ao longo de seu texto, mencionar, citar e haver consultado mais de uma centena de autores e suas obras, em todas as áreas relacionadas ao tema "Cristo Para a Humanidade de Hoje", conforme foi resumido em "Palavras iniciais para esta edição".

❁ ❁ ❁

Rio Jordão – local onde Jesus foi batizado por João Batista. (Foto de Paulo R Yog M Uchôa – 1966).

❁ ❁ ❁

No início da década de 1980, os filhos (as) e netos (as) de Alfredo Moacyr M Uchôa pediram que ele preparasse uma prece sobre o Natal de Jesus, a ser lida, por todos da família, onde quer que estivessem, a partir daquele 25 de dezembro – e em todos os Natais que se seguissem. Ele atendeu ao pleito e é isso que tem sido feito:

Meu Jesus, O Cristo

Neste momento em que comemoramos o Teu Natal,
toma-nos, a todos, Divino Mestre, na aura pura da
Tua Luz de Ouro,
densa de Amor, para que sintamos despertar em
nosso mundo interno
as emoções e intuições divinas que marcam e exprimem
o Cristo vivo em nossos corações...

Permite, Divino Mestre, que sejamos sempre, no andar
de nossos passos,
dignos de Tua mão que se oferece ao caminheiro
acordado pela Tua Luz Maior,
para que todos sejamos sempre, cada vez mais,
plenificados de Bondade junto aos nossos irmãos humanos...

E aceita, Divino Mestre, esses votos que ora
prestamos, reverentes,
na celebração do Teu Natal de mais de 2.000 anos, quando
andastes a vestir de Luz os caminhos, campos,
aldeias e cidades da Palestina.
Votos de que tudo faremos para Te servir na
Tua imensa Seara,
em que se cultiva o Amor, a Justiça e a Verdade.

Faz-nos, sempre, Divino Mestre, dignos desse
cósmico juramento,
para que vivamos a divina euforia da Luz de Ouro que
agora nos visita,
no Teu trabalho no mundo aflito de hoje, participantes
da glória de Te servir
ao longo dessa divina ascensão da criatura humana.

Abençoa-nos Senhor. Abençoa-nos!

PAZ! PAZ! PAZ em nosso coração!

PAZ no coração da Humanidade!!!

Criar-se-ão novos modelos que, mesmo que sejam transitórios, serão capazes de, agora, nos colocarem melhor, em condições de compreender certas alturas em face de tal perspectiva de horizontes novos. Na verdade é, ou será, uma vista em que a suposta realidade atual se amplia, abrindo-se aos com capacidade de entender melhor, situando-os na conjuntura dos extraordinários fenômenos que hoje se observam e, até, fazê-los pressentir segredos do palpitar da vida universal, em sintonia com infinitos de toda ordem, rumo aos quais há que expandir-se a consciência humana!

A. Moacyr Uchôa

ALÉM DA PARAPSICOLOGIA
5ª e 6ª Dimensões da Realidade

"...o hiperespaço é um ambiente mais sutil, sem limites de espaço e tempo, onde o homem haverá de operar quando tiver desenvolvido,plenamente, as qualidades já demonstradas pela Parapsicologia."

(A. Moacyr Uchôa)

A PARAPSICOLOGIA
E OS DISCOS VOADORES

"As religiões não valorizam nada que possa indicar a existência de seres superiores ao homem, o qual consideram a obra prima da criação. De repente, aparecem seres adiantadíssimos, com inteligência e poder muito acima da humanidade. Isso não interessa nem às religiões nem à ciência."

(A. Moacyr Uchôa)

MERGULHO NO HIPERESPAÇO

"Com o evolver do homem para estados conscienciais superiores, revelar-se-á o universo em que se contém, cada vez mais rico de possibilidades, apresentando dimensões novas, agora vividas e compreendidas no abstrato conceitual do mundo interno do próprio ser."

(A. Moacyr Uchôa)

UMA BUSCA DA VERDADE

"Haja coragem científica para, se necessário, transpor o aparente abismo, paradoxalmente aberto para o alto, que paralisa de espanto o audaz investigador voltado para o conhecimento da vida e vê a realidade ampliar-se ao infinito, para além de suas vistas afeitas a este mundo de 3 (três) dimensões. Serão essas apenas as dimensões dessa realidade cósmica, universal? Responda, pois, a ciência com a dignidade que lhe assegure, no futuro, nobreza e glória."

(A. Moacyr Uchôa)

CRISTO PARA A HUMANIDADE DE HOJE
foi confeccionado em impressão digital, em março de 2021
Conhecimento Editorial Ltda
(19) 3451-5440 — conhecimento@edconhecimento.com.br
Impresso em Luxcream 70g – StoraEnso